Venezia

Daniela Lombardo
Laura Nosengo
Georges Ulysse

Ciao ragazzi!

Corso d'italiano A2/B1

gondola

Ringraziamenti

Gli autori ringraziano i numerosi insegnanti francesi che scambiano informazioni e riflessioni sulla loro esperienza professionale tramite le pubblicazioni dei centri di formazione didattica e sul sito profitalien@google.com. Un particolare ringraziamento per l'aiuto e i consigli a P. P. Eramo, E. Partesotti, A. Pelletta, E. Tea (Francia), M.L. Canavesio (Olanda), E. Papadaki (Grecia), M. Lazzari (Argentina).

Siamo grati a Giuseppe Borsello, Véronique Favre, Bruno Frigau, Pierre Laroche e Jean Zucchet per le foto riprodotte a pagina 18, 26, 30, 126, 162, 197, 215.

Ringraziamo l'Hotel Morfeo (Rimini), la Società Dante Alighieri (Roma), Pubblicità Progresso, World©Marcello e l'associazione ADO per il materiale gentilmente concesso.

I edizione
© Copyright 2008 Guerra Edizioni

ISBN 978-88-557-0109-9

Guerra Edizioni
via Aldo Manna 25 - Perugia (Italia)
tel. +39 075 5289090
fax +39 075 5288244
e-mail: info@guerraedizioni.com
www.guerraedizioni.com

Progetto grafico
salt & pepper_perugia

Illustrazioni
Alessandro Telve
Moira Bartoloni

Daniela Lombardo
Laura Nosengo
Georges Ulysse

Venezia

Ciao ragazzi!

Corso d'italiano A2/B1

gondola

Guerra Edizioni

Ciao ragazzi! è un manuale di lingua italiana per stranieri. Fa seguito a **Ciao a tutti!**

Ciao ragazzi! è composto da:
- un libro di classe
- 2 CD per la classe
- un libro di casa
- una guida per l'insegnante
- il sito www.guerraedizioni.com/ciaoragazzi (con attività audio scaricabili gratuitamente)

Si basa sulle linee guida del Quadro Comune Europeo di Riferimento (A2 / B1) e sui metodi più aggiornati di didattica dell'italiano.

L'obiettivo principale di *Ciao Ragazzi!* è che lo studente sviluppi la capacità alla comunicazione e all'interazione, attraverso tecniche e attività stimolanti e varie basate sui centri di interesse dei giovani e su criteri di autenticità. In tal modo, lo studente si sentirà presto a suo agio nelle situazioni comunicative reali.

Grande rilievo viene dato alla comprensione orale: le registrazioni, di natura svariata, sono accompagnate da attività *ad hoc* che mirano a stimolare la curiosità e quindi la motivazione su ciò che viene ascoltato; lo studente è portato a sentirsi protagonista svolgendo compiti precisi, adeguati alle sue capacità, che lo "sfidano" e lo invogliano a trovare le soluzioni adatte.

Sebbene la grammatica sia presentata in modo induttivo, facendo sì che lo studente scopra la struttura e le forme della lingua italiana e le applichi in modo naturale nelle attività comunicative, sono presenti attività di riflessione e di rinforzo dei principali elementi della grammatica italiana.

L'ampliamento del lessico avviene in modo progressivo ed è centrato su aree lessicali che riguardano il mondo dei giovani, i loro centri d'interesse e le loro necessità.

L'aspetto culturale è presente in tutto il libro sotto varie forme: ogni unità fa riferimento a una diversa regione d'Italia, le numerose fotografie presentano molteplici aspetti della realtà, della storia e della civiltà italiana, la varietà di documenti autentici (pubblicità, brani letterari, articoli di stampa, depliant…) invita alla scoperta dell'Italia attuale, integrata da una serie di tabelle schematiche su caratteristiche e risorse delle regioni italiane.

La struttura del libro

Il libro è composto da:
- un'unità introduttiva seguita da 10 unità e da un epilogo,
- 10 test di autovalutazione,
- la sezione *Varietà*,
- la *Grammatichetta*,
- schede informative sulle regioni d'Italia.

Ciao ragazzi!

Ogni unità si apre su una doppia pagina con foto e attività che risvegliano la curiosità dello studente preparandolo a "entrare" in argomento.

Il dialogo introduce gli elementi linguistici che saranno trattati ed è accompagnato da una tavola di disegni che lo illustra in modo dettagliato e che si presta a svariati usi pedagogici. Seguono domande di comprensione, spunti per l'espressione personale e una proposta di creazione teatrale per invitare gli studenti a reimpiegare in modo ludico quanto appena visto.

La rubrica *Comunichiamo*, di facile consultazione, dà le chiavi per la comunicazione e l'interazione attraverso formule semplici e di largo uso. Lo studente è invitato a reimpiegare queste formule inserendole in contesti comunicativi della vita quotidiana grazie ad attività che favoriscono allo stesso tempo gli scambi interattivi.

Intermezzo permette allo studente di ampliare il lessico, di approfondire la conoscenza della realtà italiana, di migliorare la comprensione orale e scritta e di discutere di argomenti di attualità.

La lingua italiana propone una serie di esercizi grammaticali per fissare le forme e le strutture presentate nell'unità.

I test: in conformità con le direttive del *Quadro Comune Europeo di Riferimento*, sono proposti 10 test di autovalutazione grazie ai quali lo studente si "mette alla prova" e verifica se ha raggiunto gli obiettivi unità per unità.

La seconda parte del libro è composta da:

Varietà: serie di proposte di lavoro per dare agli studenti gli strumenti linguistici necessari per descrivere e commentare documenti autentici di varia natura (pubblicità, sceneggiatura, articolo di stampa, opera d'arte...).

Grammatichetta: è un breve compendio delle strutture grammaticali presenti nel libro.

Le regioni: le tabelle informative su tutte le regioni d'Italia con nozioni geografiche, economiche e culturali sono concepite come schede di consultazione facoltativa.

Buon lavoro!

Gli autori

esercizi

ascolto

comunichiamo

rispondi

parliamo un po' di te

recitiamo

grammatichetta

Indice

Indice

Piazza di Spagna

Conosci l'italia?

Ciao ragazzi!

Capri

Firenze

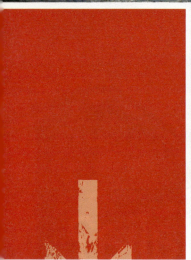

Pompei

Napoli

Venezia

Pisa

Roma

Venezia

CONOSCI L'ITALIA?

Conosci bene l'Italia? Vediamo...

1. Guarda la cartina d'Italia. Come vedi, l'Italia è divisa in regioni.

Chiudi il libro. Puoi citare cinque regioni? Dove si trovano?

a sud, a nord, ad est, ad ovest, nel centro, nel sud-est...

2. Cita tre città italiane. In quali regioni si trovano?

3. Guarda questi monumenti: come si chiamano? dove si trovano?

a. La Torre pendente - Pisa

b. l'Expo di Genova

c. il Colosseo - Roma

d. la Fontana di Trevi - Roma

g. il Duomo di Milano

e. il Palasport olimpico di Torino

f. la Basilica di S. Marco - Venezia

4. La persona che ha scritto queste biografie conosce molto male l'Italia e ha fatto confusione. Aiutala a trovare il personaggio giusto!

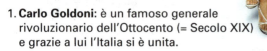

1. **Carlo Goldoni:** è un famoso generale rivoluzionario dell'Ottocento (= Secolo XIX) e grazie a lui l'Italia si è unita.

2. **Guglielmo Marconi:** è un cantante molto amato in Italia e nel mondo, ha cantato anche con Tina Turner, Patsy Kensit, Andrea Bocelli.

3. **Giuseppe Garibaldi:** è uno scienziato, ha divulgato le teorie di Copernico sull'immobilità del sole e il movimento della Terra.

4. **Eros Ramazzotti:** è un famoso autore di teatro del Settecento, è vissuto a Venezia e poi a Parigi dove è morto.

5. **Monica Bellucci:** Ha inventato la radio.

6. **Rita Levi Montalcini:** è un'attrice molto bella. Ha recitato in molti film, tra cui Asterix.

7. **Galileo:** famoso avventuriero e seduttore veneziano.

8. **Cristoforo Colombo:** premio Nobel di medicina nel 1986.

9. **Giacomo Casanova:** ha scoperto l'America.

5. Chi sono gli autori di queste opere?

1. Divina commedia

3. La vita è bella

3. Nabucco

4. Il nome della rosa

5. Nudo

6. Conosci questi personaggi della Commedia dell'Arte? Prova ad abbinare il nome e la maschera.

a. Arlecchino

b. Pulcinella

c. Pantalone

d. Colombina

7. Leggi questi versi di Carlo Goldoni, il grande commediografo veneziano del Settecento (1707-1793). Evoca il Carnevale della sua epoca. Poi rispondi alle domande.

TR 2

1. Il carnevale "fa rallegrare" solo chi sta bene?
2. Che cosa ci vuole per divertirsi a Carnevale?
3. Come fanno i veneziani a trovare denaro?
4. Marito e moglie restano insieme per divertirsi?
5. Quali sono i principali divertimenti?

La stagion del Carnevale
tutta la gente fa cambiar.
Chi sta bene e chi sta male
Carnevale fa rallegrar.
Chi ha denari li spende;
chi non ne ha ne vuol trovar;
e s'impegna[1], e poi si vende,
per andarsi a sollazzar[2].
Qua la moglie e là il marito,
ognuno va dove gli par;
ognun corre a qualche invito,
chi a giocare e chi a ballar.

Da Goldoni, *La Mascherata*

NB: Per trovare la rima l'autore usa le forme *cambiar, rallegrar, trovar* ecc invece di *cambiare, rallegrare, trovare* ecc.

1. impegnare = dare un bene in garanzia in cambio di denaro.
2. per andarsi a sollazzar = per andare a divertirsi

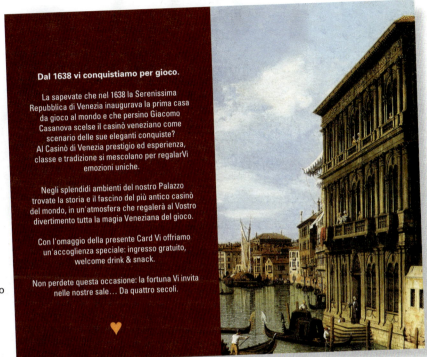

Dal 1638 vi conquistiamo per gioco.

La sapevate che nel 1638 la Serenissima Repubblica di Venezia inaugurava la prima casa da gioco al mondo e che persino Giacomo Casanova scelse il casinò veneziano come scenario delle sue eleganti conquiste? Al Casinò di Venezia prestigio ed esperienza, classe e tradizione si mescolano per regalarVi emozioni uniche.

Negli splendidi ambienti del nostro Palazzo trovate la storia e il fascino del più antico casinò del mondo, in un'atmosfera che regalerà al Vostro divertimento tutta la magia Veneziana del gioco.

Con l'omaggio della presente Card Vi offriamo un'accoglienza speciale: ingresso gratuito, welcome drink & snack.

Non perdete questa occasione: la fortuna Vi invita nelle nostre sale… Da quattro secoli.

L'Italia in Europa

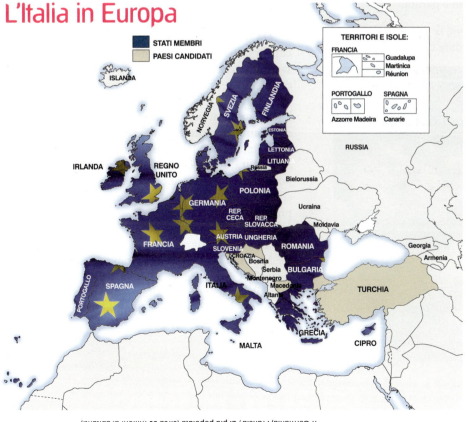

STATI MEMBRI
PAESI CANDIDATI

1. Cita due paesi membri dell'Unione europea più popolati dell'Italia.

2. L'Italia è più o meno popolata della Spagna?

3. Qual è la lingua dei paesi seguenti: Gran Bretagna, Spagna, Germania, Portogallo, Francia, Svezia?

4. Quali sono le capitali dei paesi seguenti: Francia, Italia, Gran Bretagna, Belgio?

5. Come si chiamano gli abitanti dei paesi seguenti (europei o no): Germania, Svizzera, Turchia, Algeria, Portogallo, Tunisia, Belgio, Spagna, Marocco, Austria?

6. Le bandiere. Cita almeno tre colori che si trovano sulle bandiere dei paesi europei.

1. Germania, Francia / 2. più popolata (circa 60 milioni di abitanti)

8. Completa le frasi con il colore giusto.

1. Carla si sposa domani, ha finalmente trovato il suo Principe ...

2. Oggi sono stanca perché ieri ho passato una notte in...

3. Mi presti 10 euro? Sono al...

4. Sto leggendo un libro... ma non ho ancora capito chi è l'assassino.

9. Leggi le parole della canzone "Azzurro". Qual è la storia giusta?

a) È primavera, e il cantante è contento perché il cielo è azzurro.

b) È estate, fa bel tempo, il cantante è solo.
   È triste perché la sua innamorata è partita.

c) È estate, il cantante è triste perché la sua innamorata non c'è e prende l'aereo per andare da lei.

*Cerco l'estate tutto l'anno
e all'improvviso eccola qua.
Lei è partita per le spiagge
e sono solo quassù in città,
sento fischiare sopra i tetti
un aeroplano che se ne va.
Azzurro,
il pomeriggio è troppo azzurro
e lungo per me.
Mi accorgo
di non avere più risorse,
senza di te,
e allora
io quasi quasi prendo il treno
e vengo, vengo da te,
ma il treno dei desideri
nei miei pensieri all'incontrario va.
(...)*

L'Italia nel Mondo

Pablo   Kurt   Li   Matthieu

Mirela   Sarah   Sam

10. Ascolta le presentazioni di alcuni ragazzi e ragazze. Di' da dove vengono e perché studiano l'italiano.

TR 3

E tu, perché studi l'italiano?

TR 4

LA LINGUA ITALIANA AVRÀ PIÙ FORZA ALL'ESTERO

Da un'indagine di Tullio De Mauro sugli Istituti Italiani di Cultura nel mondo (93) sappiamo che l'italiano è in continua espansione e che risulta tra le prime cinque lingue straniere più studiate all'estero. Le motivazioni per frequentare i corsi d'italiano sono tante: perché è la lingua dell'arte, della musica, della grande letteratura, ma anche perché offre ampie possibilità di lavoro. Le altre motivazioni sono collegate al turismo, alle nuove produzioni industriali (moda, auto, mobili), allo stile di vita, alla gastronomia, al partner italiano o alle origini italiane.

Ma al di là delle motivazioni, all'estero si studia l'italiano anche perché è la lingua di un Paese sempre più alla moda nel mondo e perché è la lingua di una comunità che si è guadagnata rispetto nei Paesi che la ospitano.

Da www.corriere.it

Moltissimi italiani sono emigrati in tutti i paesi del mondo e in particolare negli Stati Uniti, in Canada, in Argentina, in Venezuela, in Brasile, in Francia, in Svizzera, in Belgio, in Germania, in Australia, ecc. Oggi l'Italia è una terra di immigrazione: albanesi, cinesi, filippini, pachistani, africani, ecuadoriani... vengono a lavorare in Italia.

SARDEGNA

mare

scogli

Unità 1

Ciao ragazzi!

Costa Smeralda

Costumi Sardi

Costa Smeralda

Nuraghe

Spiaggia in estate

Chiedo a qualcuno come sta e rispondo.
Prendo un appuntamento.
Chiedo a qualcuno cosa fa oggi e rispondo
alle domande.
Parlo della scuola.
Parlo di quello che mi piace fare in vacanza.

Gli articoli determinativi e indeterminativi
Il presente indicativo regolare e irregolare
Gli aggettivi possessivi
Da e *Fino a*

La scuola ricomincia: sei contento/a?

Ti fa piacere:

Rivedere i compagni?
Rivedere gli insegnanti?
Imparare cose nuove ?
…?

A CHE ORA CI VEDIAMO?

 È settembre. Chiara, una giovane fiorentina, telefona al suo amico Pietro.
TR 5 Fra tre giorni devono tornare a scuola.

Chiara	Pronto, ciao, Pietro, sono Chiara!
Pietro	Ciao! Come va?
Chiara	Bene! Sono molto abbronzata.
	La Sardegna è bellissima. Purtroppo
5	adesso le vacanze sono finite e lunedì
	ricomincia la scuola.
Pietro	Sì, anche per me è difficile. Però per
	fortuna a partire da lunedì rivediamo
	gli amici e i nostri compagni di scuola.
10	Cosa fai oggi? Ci vediamo?
	Così mi racconti le tue vacanze.
Chiara	Oggi pomeriggio vado a comprare delle
	cose per la scuola.
Pietro	Cosa ti manca?
15 Chiara	Uno zaino nuovo e dei quaderni.

Pietro	Anch'io devo andare in centro a comprare il
	dizionario d'inglese. Se vuoi ti accompagno.
Chiara	Volentieri. A che ora ci vediamo? Preferisci
	alle quattro o alle cinque?
20 Pietro	Alle quattro davanti a casa mia, ok?
Chiara	Sì, va bene. E... sai qualcosa degli altri?
Pietro	So che Elena rimane in campagna fino a
	domenica. Michela è già a Firenze da una
	settimana.
25 Chiara	E Maria?
Pietro	Non lo so, va sempre in giro con lo scooter!
	E tu, hai notizie di Francesco?
Chiara	Eh, no, purtroppo!

Purtroppo/ per fortuna

Vado	a casa	in campagna		da una settimana
	a scuola	a comprare		fino a domenica
	in centro			

1. Perché Chiara telefona a Pietro?
2. Quando ricomincia la scuola?
3. Che cosa dice Chiara sulle sue vacanze?
4. Perché Pietro è contento di ricominciare la scuola?
5. Cosa deve fare Chiara?
6. Cosa vuole comprare?
7. Perché Pietro vuole andare con lei?
8. A che ora e dove si vedono Chiara e Pietro?
9. Dove sono gli amici di Chiara e Pietro?
10. Fino a quando resta in campagna Elena?
11. Da quanto tempo è a Firenze Michela?
12. Cosa fa Maria?
13. Di quale amico non ha notizie Chiara?

1. Cosa devi comprare quando ricomincia la scuola?
2. Dove vai a comprare queste cose? Con chi?
3. Cosa ti sembra indispensabile?
4. Cosa ti sembra un po' inutile?
5. Quanto costa un quaderno?
6. Che cosa devi comprare per la lezione d'italiano? E per la lezione di matematica, scienze naturali...?
7. Cosa è più caro?

A CHE ORA CI VEDIAMO?

 # COMUNICHIAMO

Come va? (tu) Come stai? (Lei) Come sta?	Bene, grazie. Benissimo, e tu? Non c'è male, e Lei? Così così... Male, purtroppo.

"Ciao! Come va?" "Bene!"

1. Chiedi a un(a) compagno(a) come sta.

Prendere un appuntamento

Dove ci vediamo?	Ti va bene davanti al cinema alle due e un quarto? Facciamo sotto casa mia / al bar di fronte alla scuola / in centro a mezzogiorno e mezza.
A che ora?	All'una / alle due e dieci / alle sei meno un quarto / a mezzogiorno

"A che ora ci vediamo?" "Alle quattro davanti a casa mia, ok?" "Sì, va bene."

2. Prendi un appuntamento con un(a) compagno(a):

es.(18,00 / cinema) "Dove ci vediamo? " " Ti va bene / Facciamo davanti al cinema alle sei?" "D'accordo / Va bene."

1. 14,15 / davanti a casa mia
2. 12,10 / davanti alla scuola
3. 16,55 / davanti al bar Centrale
4. 19,25 / davanti all'ufficio postale
5. 9,30 / davanti al municipio
6. 7,45 / alla fermata dell'autobus
7. 16,00 / davanti alla stazione

Chiedere a qualcuno cosa fa e rispondere

Cosa fai oggi / stamattina / oggi pomeriggio / stasera?	Vado al cinema con Marta. Faccio i compiti poi guardo un po' la tv. Rimango a casa perché non sto bene. Non lo so, forse esco con mio fratello.

"Cosa fai oggi?" "Oggi pomeriggio vado a comprare delle cose per la scuola."

3. Con un(a) compagno(a). Fate delle domande e risposte come nell'esempio:

es. (stare a casa / andare al cinema) > "Cosa fai oggi? Stai a casa?" " No, vado al cinema."

1. Uscire con gli amici / uscire con la mamma
2. Guardare la tv / navigare su Internet
3. Andare al bar / andare al ristorante
4. Andare al cinema / andare a scuola
5. Mandare un'email agli amici / fare delle telefonate agli amici
6. Andare a scuola / stare a casa
7. Rimanere a casa / andare in centro

4. Ascolta la telefonata tra Stefania e Marta e completa l'agenda. Cosa deve fare Stefania giovedì?
TR 6

5. Con un(a) compagno(a). Guardate l'agenda di Stefania, fate delle domande e rispondete:

es. "Cosa fa Stefania lunedì pomeriggio?" "Alle quattro e mezza va dal dentista."

L'AGENDA DI STEFANIA

	LUNEDÌ	MARTEDÌ	MERCOLEDÌ	GIOVEDÌ	VENERDÌ	SABATO	DOMENICA
11,00						tennis con Paola	
12,00							
13,00			pranzo con zia Carla			arrivano gli zii	
14,00		parrucchiere ore 14,45					
15,00			Ginnastica				
16,00	ore 16,30 dentista				iscriversi in biblioteca		cinema con Maria e Pietro
17,00			comprare libro d'inglese		ore 17,15 corso di teatro		
18,00		viene Michela				da Luca	

INTERMEZZO

 6. Leggi cosa pensano questi ragazzi italiani della scuola e completa la tabella:

Come ogni anno, ricomincia la scuola. Finiscono le vacanze, per studenti ed insegnanti. Felici di tornare al lavoro, rispettivamente allievi e insegnanti? A volte sì, a volte no. La scuola, qualcuno la ama, qualcuno la odia. Vediamo perché.

Saverio, 16 anni, istituto tecnico: "Io torno a scuola volentieri, non vedo l'ora [1] di diplomarmi e lavorare. Ho sempre avuto la passione dell'elettronica, aprire le cose, ripararle, farle funzionare. Penso che farò ingegneria. Non ho problemi con gli insegnanti…"

Valentina, 18 anni, liceo classico: "A me la scuola non dà problemi. Devo studiare, e studio. Con i miei compagni vado d'accordo. Ci sono due o tre insegnanti un po' particolari, qualche volta mi arrabbio, ma niente di grave. Purtroppo non c'è la settimana corta [2], per avere un po' più di tempo libero."

Matteo, 17 anni, liceo scientifico: "Sinceramente, non vedo l'ora di finire. Mi aspettavo una scuola diversa, più applicativa. Poi ho dei problemi con un'insegnante, che ce l'ha [3] sempre con me. Tutti gli anni, dopo dicembre, comincio a fare fatica, e non vedo l'ora di finire. Forse per me è la scuola sbagliata."

Simona, 16 anni, liceo artistico: "A me piace. Voglio fare la restauratrice. Sono al secondo anno. Certo, qualche materia mi piace meno, ma si sa che si deve anche studiare. È una scuola creativa. Poi io non sono una sognatrice, sono una persona pratica, perciò quello che devo fare lo faccio."

Gabriele, 19 anni, scuola tecnica: "Io non ho problemi. Vedo la scuola come un lavoro. Ci vado, faccio quello che devo. È un mezzo, mi serve per raggiungere i miei fini. Prima finisco meglio è. Non mi importa di come si comportano gli insegnanti. Tanto, nella vita, dopo la scuola, conta quello che sei, più di quello che sai."

da http://www.encanta.it/scuola_ricomincia.html

	Saverio	Valentina	Matteo	Simona	Gabriele
Ama la scuola.					
Sa cosa vuole fare dopo il liceo.					
Si trova male a scuola.			X		
Non va d'accordo con i suoi insegnanti.					
Va d'accordo con i suoi insegnanti.					
Non ha molto tempo libero.					
Vede la scuola come un lavoro.					
Non vede l'ora di finire.					

1. Non vedo l'ora di = sono impaziente di
2. La settimana corta: dal lunedì al venerdì
3. Ce l'ha con me = è contro di me

7. Rispondi:

1. Ti piace la scuola? Perché?
2. A che ora cominciano le tue lezioni il lunedì?
   Il martedì?…
3. A che ora finiscono?
4. Quale giorno comincia la scuola?
5. Quale giorno finisce?
6. Quali materie preferisci?
7. Che cosa non ti piace?
8. Che cosa si può migliorare, secondo te?

8. Abbina i nomi agli oggetti:

a. colla
b. diario
c. righello
d. evidenziatore
f. forbici
e. banco

g. gomma
h. zaino
i. pennarello
m. matita
l. quaderno
n. correttore
o. classificatore

La scuola superiore in Italia.
Dopo la scuola media che è uguale per tutti, i ragazzi italiani scelgono un liceo o una scuola tecnica. Il liceo dura cinque anni e può essere: classico (con latino, greco antico e letteratura), scientifico (con molta matematica e fisica), linguistico o artistico. La scuola tecnica può durare tre o cinque anni e prepara al mondo del lavoro. Solo chi frequenta una scuola di cinque anni e supera l'esame di maturità ha diritto a entrare all'Università.

 9. Ascolta il dialogo. Cosa serve a Chiara?
TR 8

10. Leggi i seguenti testi.

GITA AI NURAGHI
gita di un giorno - gruppo di 20 persone

Un'escursione molto interessante che ci porta alla scoperta della storia più antica della Sardegna e dei misteri del popolo nuragico con visita ai monumenti archeologici più belli del centro Sardegna.
Il programma prevede: Arrivo a Macomer (Nuoro), incontro con gli operatori turistici. Partenza per il Tour dei Nuraghi. Pranzo in agriturismo[1].
Nel pomeriggio visita al Museo Etnografico "Le Arti Antiche".

1. Agriturismo: casa di campagna trasformata in ristorante con prodotti locali (e qualche volta in hotel).

I nuraghi sono costruzioni di pietra molto antiche (dal XVI al X sec. a. C.) a forma di torre, caratteristiche della Sardegna. Non si sa con precisione quale era la loro funzione: probabilmente servivano a osservare il territorio per difenderlo o forse erano semplicemente delle abitazioni.

COSTA SMERALDA

Una giornata tra lusso e riposo in Costa Smeralda (Sassari) gruppi di 50 persone.

Una giornata di puro riposo e mondanità in una della località di mare più belle e famose della Sardegna. Il programma prevede: incontro del gruppo a Olbia e partenza per Porto Cervo. Giornata libera per prendere il sole e fare il bagno nell'acqua trasparente della famosissima spiaggia delle Pevere. Alle sei appuntamento al porto Vecchio per visitare il vero cuore mondano di Porto Cervo, paradiso frequentato dal jet set internazionale. Visita guidata del piccolo centro storico e serata libera per fare shopping (tutti i negozi di lusso restano aperti fino a tarda notte). Cena libera nei ristoranti di gastronomia locale.

FORESTA DI MONTARBU (Sassari)
gruppo di 40 persone.

Escursione ideale per provare l'emozione del viaggio con il trenino; partendo da Arbatax o da Arzana si raggiunge la stazione di San Girolamo da dove si parte per un' escursione a piedi all'interno del Parco Nazionale del Gennargentu. Una delle mete più famose è la foresta di Montarbu sui monti Tonneri, una vegetazione e dei panorami indimenticabili nel silenzio del parco. Durata 4 ore (andata e ritorno di cui due ore di camminata). Prevedere scarpe da trekking, zaino e colazione al sacco[1]. Ideale per gite scolastiche.

1. Colazione al sacco = picnic

11. Tra queste tre destinazioni in Sardegna, qual è la gita ideale per queste persone? Perché?

Paolo ha 36 anni. È molto sportivo e ama la natura. Quando ha tempo libero fa lunghe passeggiate in montagna con il suo cane.

Giacomo e Laura sono sposati e hanno un figlio di 14 anni: Luca. Laura è sarda ma abita a Milano con la famiglia. Quest'anno vuole fare conoscere meglio la storia della Sardegna a suo figlio.

Miriam ha 15 anni. Adora il mare e fare shopping e sogna di incontrare un giorno il suo cantante preferito.

Claudio è insegnante di geografia. Quest'anno vuole accompagnare i suoi allievi in gita scolastica per conoscere le bellezze naturali della Sardegna.

Stefano e Marcella hanno 60 anni. Sono molto ricchi e hanno uno yacht privato. Vogliono andare in una bella località di mare e mangiare in ristoranti di lusso.

Anna studia archeologia. Vuole fare una ricerca sulle popolazioni sarde antiche per conoscere i loro usi e costumi.

12. Utilizzando i verbi del riquadro (e altri se vuoi!), indica cosa è possibile fare nelle tre località della Sardegna citate nell'articolo:

prendere il sole / camminare / fare sport / scoprire una cultura antica / comprare vestiti / vedere piante e fiori / riposarsi / fotografare una star / fare il bagno / vedere un bel panorama / visitare musei / stare con molte persone / stare in mezzo alla natura.

Se facciamo il tour dei Nuraghi possiamo...
Se facciamo la gita sulla Costa Smeralda possiamo...
Se invece decidiamo di visitare la foresta di Montarbu possiamo...

 13. Ascolta il dialogo. Dov'è andata Patrizia?

14. Riascolta il dialogo. Che cosa preferisce fare Patrizia? Perché Michela si annoia al mare? Cosa preferisce? Perché?

15. Parliamo di te. Cosa ti piace fare quando sei in vacanza? Cosa non sopporti? Quale delle tre destinazioni ti piace di più? Perché?

16. Forma delle frasi secondo i tuoi gusti unendo gli elementi delle due colonne:

Mi piace	le vacanze al mare passeggiare in montagna i viaggi in treno fare shopping
Non mi piace	il mare visitare musei
Mi piacciono	la storia i parchi naturali
Non mi piacciono	le città d'arte andare in vacanza con la famiglia la campagna

LA LINGUA ITALIANA

1. IL PRESENTE INDICATIVO p.179-180

A GLI AUSILIARI ESSERE E AVERE:

"**Sono** molto abbronzata, la Sardegna **è** bellissima. Purtroppo adesso le vacanze **sono** finite." / "Anche per me **è** difficile." / "Michela **è** già a Firenze, da una settimana." / "E tu, **hai** notizie di Francesco?"

1. Completa le frasi:

1. La Sardegna (*essere*) .... bellissima e (*avere*) .... un mare incredibile.
2. "(*Tu/essere*) .... ancora in vacanza?" "No, purtroppo (*io/essere*) .... già in città."
3. "(*Voi/avere*) .... già tutti i quaderni e i libri per la scuola?"
4. Angelo e Carlo (*essere*) .... milanesi ma (*avere*) .... una casa per le vacanze in Sardegna.
5. "Luisa, (*tu/avere*) .... le foto dei Nuraghi?" "Sì, (*essere*) .... nel mio zaino".

B I VERBI REGOLARI

"Chiara, una giovane fiorentina, **telefona** al suo amico Pietro." / "Lunedì **ricomincia** la scuola." / "A partire da lunedì **rivediamo** gli amici e i nostri compagni di scuola." / "Così mi **racconti** le tue vacanze." / "Cosa ti **manca**?" / "Ti **accompagno**." / "**Preferisci** alle quattro o alle cinque?"

2. Completa le frasi:

1. Oggi (*cominciare*) .... la scuola e Chiara (*rivedere*) .... i suoi amici.
2. Paola (*accompagnare*) .... la sua amica in centro.
3. In vacanza (*noi/dormire*) .... fino a tardi.
4. Teresa (*partire*) .... per la Sardegna la settimana prossima.
5. Anna e Francesco (*comprare*) .... dei libri per la scuola.
6. I miei amici (*preferire*) .... prendere l'autobus.

C I VERBI PRONOMINALI E RIFLESSIVI:

3. Completa le frasi:

1. Quando sono in vacanza Luciano e Diego (*svegliarsi*) .... sempre tardi.
2. A che ora (*noi/vedersi*) ....?

3. Quando siamo al mare (*noi/divertirsi*) .... tantissimo!
4. Io invece al mare (*annoiarsi*) ....
5. Hai appuntamento con Roberto? A che ora (*voi/vedersi*) ....?

D I VERBI IRREGOLARI

"Fra tre giorni **devono** tornare a scuola." / "Cosa **fai** oggi?" / "Oggi pomeriggio **vado** a comprare delle cose per la scuola." / "Anch'io **devo** andare in centro a comprare il dizionario d'inglese. Se **vuoi** ti accompagno." / "E... **sai** qualcosa degli altri?" / "**So** che Elena **rimane** in campagna fino a domenica." / "Non lo **so**, **va** sempre in giro con lo scooter!"

4. Completa le frasi:

1. "Ciao Lucia, come (*andare*) ....?" " Bene, grazie e tu come (*stare*) ....?"
2. Oggi (*io/dovere*) .... andare a comprare uno zaino nuovo.
3. "Che (*voi/fare*) .... questo pomeriggio? (*voi/volere*) .... accompagnarmi a teatro?"
4. Anna e Renato (*rimanere*) .... a casa, oggi.
5. "Annamaria,(*tu/sapere*) .... cosa sono i nuraghi?" "No, non lo (*sapere*) ...."
6. "(*Voi/potere*) .... accompagnarmi in centro oggi?" " Sì, volentieri! Anche noi (*dovere*) .... comprare delle cose per la scuola."
7. (*Io/venire*) .... a casa tua alle cinque.
8. (*noi/fare*) .... una gita? Dove (*noi/andare*) ....?
9. Pino non (*sapere*) .... quando comincia la scuola. Voi lo (*sapere*) ....?
10. In vacanza (*io/fare*) .... molto sport, ma quando sono in città (*io/dovere*) .... studiare e non ho molto tempo.

2. GLI ARTICOLI p. 172

A GLI ARTICOLI DETERMINATIVI

"**La** Sardegna è bellissima." / "**Le** vacanze sono finite." / "Rivediamo **gli** amici e **i** nostri compagni di scuola." / "Devo andare in centro a comprare **il** dizionario d'inglese." / "Va sempre in giro con **lo** scooter."

5. Completa le frasi.

1. Cagliari è .... capoluogo della Sardegna.
2. Domani comincia .... scuola; devo comprare .... zaino, ... quaderni, ... penne.
3. Conosci .... amici di Roberto? Sono molto simpatici!

4. "Ti piace .... trekking?" "Sì, ma preferisco .... sci."
5. .... vacanze sono finite, purtroppo!
6. .... amico di Costanza è sardo.
7. Mi presti .... scooter?
8. Grazie per .... informazione!
9. .... insegnante di storia porta .... allievi a Sassari.
10. Olivia, mi mostri .... foto delle tue vacanze?

6. Completa con l'articolo, poi trasforma dal singolare al plurale:

1. .... scooter che preferisco è giapponese > ....
2. .... fotografia della spiaggia è bella > ....
3. .... amico di Alessandro parla francese > ....
4. .... informazione non è giusta > ....
5. Perché non prendi .... quaderno? > ....

B GLI ARTICOLI INDETERMINATIVI

"**Una** giovane fiorentina." / "**Uno** zaino nuovo e dei quaderni."

7. Completa le frasi:

1. Roberto ha .... zaino nuovo.
2. La Sardegna è .... isola del Mediterraneo.
3. Conosci la spiaggia di Porto Cervo? È .... spiaggia bellissima!
4. Ho .... cugino che abita a Nuoro.
5. Filippo ha .... amico francese.
6. Anna ha .... amica svizzera.
7. Scusa, puoi aspettare .... momento?
8. Voglio comprare .... scooter, ma i miei genitori non sono d'accordo.
9. Hai .... dizionario d'inglese?
10. Resto in Sardegna ancora .... settimana.

---

3. GLI AGGETTIVI POSSESSIVI p. 174

"Chiara telefona al **suo** amico Pietro." / "Rivediamo i **nostri** compagni di scuola." / "Mi racconti le **tue** vacanze." / "A casa **mia**."

8. Completa la tabella con le parole che mancano. Poi trasforma al plurale.

	Singolare		Plurale	
	Maschile	**Femminile**	**Maschile**	**Femminile**
IO	Il **mio** quaderno ha 64 pagine.	La ... professoressa è giovane	...	...
TU	Il ... libro è interessante?	... gomma è piccola.	...	...
LUI/ LEI	Il **suo** dizionario pesa molto.	La **sua** matita scrive bene.	...	...
NOI	Il ... pennarello è blu.	La **nostra** penna è rotta.	...	...
VOI	Il **vostro** zaino è nuovo?	... cartella non è vecchia.	...	...
LORO	Il ... libro d'inglese costa molto.	La **loro** gomma cancella bene.	...	...

4. DA …/ FINO A…

"Elena rimane in campagna **fino a** domenica, Michela è già a Firenze **da** una settimana."

9. Completa le risposte.

es. "Da quanto tempo studi l'italiano?" .... *(6 mesi)*
> *Studio l'italiano da 6 mesi.*

1. Da quanto tempo abiti a Sassari? .... (*3 anni*)
2. Fino a quando resta a Siena Luigi? .... (*sabato prossimo*)
3. Da quando inizia la scuola? .... (*lunedì prossimo*)
4. Fino a quando sei in vacanza? .... (*domani*)
5. Da quanto tempo vieni a scuola in autobus? .... (*sempre*)

10. Con un(a) compagno(a). Inventate delle domande come nell'esempio e rispondete:

es. "Da quanto tempo / Da quando studi l'italiano?" "Da due anni, e tu?".

essere a scuola / vivere qui / studiare l'inglese / seguire le lezioni di italiano / conoscere i tuoi insegnanti

Ponte di Rialto

Unità 2

Ciao ragazzi!

Venezia

Ponte dei sospiri - Venezia

Lago di Garda

Le torri - Bologna

Verona

Balcone di Romeo e Giulietta - Verona

Rimini

discoteca - Rimini

Rimini

Dico il motivo di un'azione.
Racconto un avvenimento al passato.
Racconto le mie vacanze.

Il passato prossimo regolare e irregolare
Gli aggettivi possessivi con i nomi della famiglia
I pronomi personali diretti e indiretti
I connettivi: *siccome*, *dato che*

Lago di Garda

Guarda le foto: quale tipo di vacanza ti piace di più? Mare, montagna, lago, città d'arte?

COME SONO ANDATE LE TUE VACANZE?

 Chiara è un po' triste perché, durante le vacanze, non ha avuto nessuna notizia da Francesco, un ragazzo romano che ha conosciuto in luglio a Firenze. Oggi finalmente le ha scritto.

A:	chiara-cecchini54@tin.it
Oggetto:	Ciao Chiara
Da:	fran.ricci@libero.it

Ciao Chiara,

scusa se non ti ho contattato prima ma sono partito senza il tuo numero di cellulare e il tuo indirizzo email. Ma siccome ieri Maria mi ha chiamato, ho potuto chiederli a lei ☺. Come stai? Come sono andate le tue vacanze?

Le mie vacanze mi sono piaciute un sacco. Sono partito con i miei cugini e il mio zio paterno. Abbiamo visitato Padova e poi Verona. Abbiamo anche dormito una notte a Venezia: è una città meravigliosa! Dopo siamo rimasti una settimana a Lido di Iesolo, a 50 chilometri da Venezia, sul mare. Lì siamo andati in spiaggia e abbiamo fatto molto sport. Abbiamo giocato quasi tutti i giorni a tennis con mio cugino Marco. Ma, dato che è molto bravo, ho perso quasi sempre... Comunque l'importante è partecipare, no?

A Ferragosto abbiamo fatto un salto anche a Riccione! Siamo stati in una di quelle famose discoteche e abbiamo ballato quasi tutta la notte.

E tu? Cosa hai fatto in Sardegna? Ti sei divertita con la tua famiglia? Scrivimi presto, anche un sms. Oppure telefona.

Ciao
Francesco
P. S. Ti mando delle foto che ho fatto con il telefonino. Carine, no?

Siccome .... / Dato che...   **Ferragosto: 15 agosto**

1. Perché Chiara è un po' triste?
2. Chi è Francesco?
3. Quando e dove si sono conosciuti?
4. Perché Francesco non ha telefonato a Chiara?
5. Chi gli ha dato l'email di Chiara?

6. Con chi è partito per le vacanze Francesco?
7. Quali città ha visitato?
8. Cosa hanno fatto Francesco e suo cugino a Iesolo?
9. Cosa hanno fatto a Ferragosto?
10. Cosa manda Francesco a Chiara?

Cosa hai fatto quest'estate? Racconta a un(a) compagno(a).

mangiare un gelato

prendere il sole

fare il bagno

ascoltare musica

viaggiare

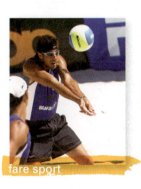
fare sport

riposarsi

passeggiare

vedere gli amici

leggere

andare a un concerto

Guarda i disegni e immagina la risposta di Chiara:

- con un SMS

Ciao, ☺
Sono stata contenta di
ricevere la tua email,
finalmente! Le mie vacanze
in Sardegna...
Siccome...
Dato che... ma...

- con un'email

- con una telefonata

Pronto?
Pronto, Francesco?
Ciao! Sono Chiara!
Ciao, Chiara!
...

 # COMUNICHIAMO

Dire il motivo di un'azione

Gioco spesso a tennis **perché** mi piace molto questo sport.

Dato che mi piace molto il tennis, gioco tre volte alla settimana.

Siccome mi piace molto il tennis, gioco tre volte alla settimana.

"Chiara è un po' triste perché, durante le vacanze, non ha avuto nessuna notizia da Francesco."
"Siccome ieri Maria mi ha chiamato, ho potuto chiederli a lei."
"Dato che è molto bravo, ho perso quasi sempre."

1. Trasforma secondo il modello:

es. Vado a scuola in autobus, perché abito lontano. >
Dato che / Siccome abito lontano, vado a scuola
in autobus.

1. Mi alzo presto la domenica perché mi piace fare sport.
2. Stasera resto a casa perché c'è il mio telefilm preferito alla tv.
3. Preferisco mangiare più tardi perché adesso non ho fame.
4. Carla non può uscire perché deve studiare.
5. Mio fratello va sempre allo stadio perché è un tifoso della Juventus.
6. I miei cugini studiano inglese perché devono andare a Londra in dicembre.

Raccontare un avvenimento al passato

La settimana scorsa Jean è partito per l'Italia e ha visitato Roma, **poi** è andato a Napoli e a Capri. **Dopo** è tornato a Roma e ha preso il treno per tornare in Francia.

Ieri pomeriggio Marco ha accompagnato sua sorella alla lezione di danza e l'ha aspettata fino alle 18. **Dopo** sono andati a bere una coca cola al bar Centrale. **Ieri sera** hanno cenato con i loro genitori e hanno guardato un po' la tv.

"Sono partito con i miei cugini, abbiamo visitato Padova e poi Verona... Dopo siamo rimasti una settimana a Lido di Iesolo."

2. Con un(a) compagno(a): fate le domande e rispondete utilizzando le forme date:

es. "Cosa hai fatto ieri sera?" "Sono andato(a) al cinema."

L'anno scorso
Ieri mattina
L'estate scorsa
Una settimana fa
Due minuti fa
Stamattina
L'altro ieri

Ho guardato...
Mi sono divertito(a) ...
Sono uscito(a) ...
Ho dormito...
Mi sono svegliato(a)...
Sono andato(a)...
Ho avuto...

3. Racconta a un compagno(a) cosa hai fatto il fine settimana scorso.

svegliarsi tardi / fare i compiti / andare al cinema / uscire con gli amici / riordinare la camera / navigare su Internet / pranzare con i genitori / andare al fast food / bere qualcosa con amici....

4. Guarda i disegni e racconta la storia.

Sabato Marta e Sara sono arrivate a Venezia alle 10,15 ma non hanno trovato Filippo alla stazione. Allora Marta...

Se vuoi, puoi usare queste parole:
telefonare / svegliarsi / riordinare la camera / prendere il vaporetto / andare alla stazione / camminare

5. Ascolta la telefonata. Quale disegno
TR 12 (di pagina 33) non corrisponde a quello che dice Chiara?

INTERMEZZO

6. Leggi l'articolo e rispondi alle domande:

LA PASSIONE PER IL VIAGGIO
"Almeno quattro notti fuori."

I nuovi nomadi sono i giovani. Hanno tra i 15 e i 24 anni, studiano, fanno lavori part-time [1] e hanno una grande passione per i viaggi. Mettono da parte risparmi per progettare itinerari in Europa e negli Stati Uniti. Sognano nuove terre durante l'inverno, la primavera, l'estate. Costruiscono nuovi gruppi, nuovi clan, nuovi stili di vita prima correndo sul web, cercando destinazioni a basso costo e poi sperimentandole nella realtà. (...)

In questi ultimi due anni ha viaggiato l'86% dei ragazzi dimostrando autonomia dalla famiglia e maggiore indipendenza economica.(...)

Ma dove e come? In testa c'è la Spagna seguita da Germania, Croazia e Francia. (...) La Francia mantiene una buona posizione dovuta alle sue attrattive di sempre, i profumi della Provenza, l'enorme attrazione di Parigi. (...)

Ma la grande passione resta l'Italia. L'Italia centrale con la Toscana e poi la Sicilia (entrambe[2] preferite dal 10%) seguite da Puglia (8,5%), Calabria (8,1%) ed Emilia Romagna (7,5%).(...)

L'attrattiva più interessante resta comunque il mare (65,2%). Quando si mettono in viaggio, i giovani vogliono stare comodi, in automobile (48,5%), in treno (19,1%), per gli itinerari più lunghi chiedono l'aereo low cost (16,7%). La moto resta relegata al 4,6%, la nave al 5,1%.

1 Part-time: a tempo parziale
2 Entrambe: tutte e due

Da www.repubblica.it 25/11/2005

NB II 10%, l' 8%

1. Perché i giovani italiani sono definiti nomadi in questo articolo?
2. Generalmente viaggiano da soli o con la famiglia?
3. Quali sono le loro destinazioni preferite?
4. Come le scelgono?
5. Dove preferiscono andare in Italia?
6. Cosa gli piace della Francia?
7. Come preferiscono viaggiare?

7. Rispondi:

1. Di solito, viaggi da solo/a, con amici o con la tua famiglia?
2. Dove ti piace andare?
3. Preferisci il mare o la montagna?
4. Cosa ti piace fare in vacanza?
5. Come preferisci viaggiare?
6. Sei già stato/a in Italia? Dove?
7. Hai fatto gite scolastiche? Dove?

8. Scrivi una lettera / un'email ad un amico per raccontare una tua vacanza.

9. Ascolta una guida che descrive un monumento di Venezia. A quale foto si riferisce?

Ponte dei sospiri | 1

Basilica di S. Marco | 2

Palazzo Ducale | 3

LO SAI CHE…?

La **Baùta** è una tipica maschera veneziana: è composta da un manto nero chiamato tabarro, un tricorno nero e una maschera bianca chiamata *larva*. I veneziani la utilizzavano in molte occasioni e non solamente durante il carnevale. Le donne invece indossavano un'altra maschera chiamata **Moretta** generalmente ornata con veli e cappelli.

Conosci delle maschere famose?

10. Conosci la tradizione del Carnevale di Venezia?

Il Carnevale di Venezia è probabilmente il più conosciuto al mondo. Le più antiche notizie sul Carnevale sono del 1094 ma il primo documento ufficiale che dichiara il Carnevale una festa pubblica è del 1296.

Nel passato il Carnevale era molto più lungo e cominciava la prima domenica di ottobre. Oggi il Carnevale ha la durata di circa dieci giorni in coincidenza del periodo pre-pasquale ma, per i veneziani, la febbre del Carnevale comincia molto tempo prima, o per meglio dire, a Venezia, la febbre del Carnevale non cessa mai durante l'anno!!

Nel passato, il Carnevale consentiva ai Veneziani di lasciar da parte le occupazioni per dedicarsi totalmente ai divertimenti. La gente, in maschera, o con la *bauta* veniva per ammirare le attrazioni: i giocolieri[1], gli animali danzanti, gli acrobati; i venditori ambulanti vendevano frutta secca, castagne e fritòle (le frittelle) e dolci di ogni tipo. Le persone si salutavano dicendo:"Buongiorno Siora[2] Maschera": l'identità personale, il sesso, la classe sociale non esistevano più, ma solo per il periodo del Carnevale!

Oggi purtroppo i veneziani non possono lasciare da parte le loro occupazioni ma il Carnevale dei nostri giorni è un grosso avvenimento che coinvolge[3] grossi sponsor, le reti televisive, le fondazioni culturali e che richiama folle di curiosi da tutto il mondo con migliaia di maschere in festa e con una pacifica occupazione della Laguna.

1 Giocolieri: artisti di strada
2 "Siora": Signora (dialetto veneziano)
3 Coinvolgere: far partecipare

Da www.carnevale-venezia.com

11. Guarda il depliant dell'Hotel Morfeo a Rimini e leggi qui sotto. Qual è l'originalità di questo albergo? Cosa è possibile fare all'hotel Morfeo? Cosa comprende il pacchetto "superspecial"?

- Ricca colazione internazionale a buffet fino alle ore 12
- Solo per i giovani
- 150 metri dal mare
- Camere con bagno e doccia, telefono, cassaforte, riscaldamento e aria condizionata

- Trattamento di mezza pensione o di Bed & Breakfast
- Reception e Bar aperti 24 ore
- Internet Point, biliardo, freccette, Sat-Tv
- Quotidiani a disposizione
- Noleggio gratuito di biciclette

12. Immagina di aver vinto un viaggio in Italia. Dove preferisci andare? A Venezia per visitare la città e vivere il Carnevale, o a Rimini per andare al mare e in discoteca? Perché?

13. Guarda la cartina **TR 16** dell'Emilia Romagna e ascolta il dialogo tra Carlo e Lorenzo, due colleghi. Dove è stato Lorenzo con la sua famiglia? Quali città ha visitato?

14. Riascolta il dialogo e indica in quali città **TR 17** si trovano questi monumenti.

Tomba di Dante

Torri di Garisenda e Asinelli

Mosaici della Basilica di S. Vitale

15. Riascolta il dialogo e rispondi alle domande. **TR 18**

1. Quale città dell'Emilia Romagna conosce Carlo?
2. Quali sono le specialità gastronomiche dell'Emilia Romagna?
3. Cosa hanno visitato Lorenzo e la sua famiglia a Ravenna?
4. Chi è voluto andare a Rimini? Perché?

LA LINGUA ITALIANA

1. GLI AGGETTIVI POSSESSIVI CON I NOMI DELLA FAMIGLIA

Gr
p. 174

"Con **i miei** cugini e **il mio** zio paterno"
"**Mio** cugino è molto bravo"

1. Guarda l'albero genealogico di Carlo e rispondi come nell'esempio:

es. Chi è Guido? Guido è suo cugino.

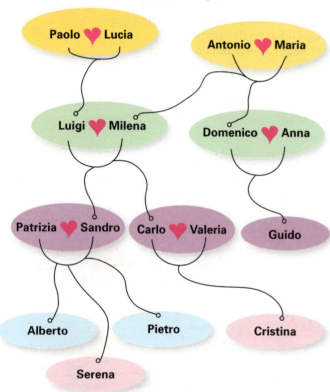

Chi è Valeria? ....
Chi è Cristina? ....
Chi è Sandro? ....
Chi sono Luigi e Milena? ....
Chi sono Alberto, Serena e Pietro? ....
Chi è Domenico? ....
Chi sono Antonio e Maria? ....
Chi sono Paolo e Lucia? ....

> figlio/a, nonno/a, zio/a, cugino/a, suocero/a,
> fratello/sorella, cognato/a, genero/nuora,
> marito/moglie

2. Completa con l'aggettivo possessivo. Dopo trasforma al plurale:

(IO)_____ fratello è simpatico > Mio fratello è simpatico > I miei fratelli sono simpatici.

(IO)
1. .... cugino è insegnante > ....
2. .... sorella maggiore abita a Milano > ....

(TU)
3. .... nipote è simpatica > ....
4. .... fratello lavora in banca > ....

(LUI / LEI)
5. .... figlio non lavora a Roma > ....
6. .... zio vuole tornare in Sardegna > ....

(NOI)
7. .... nonno abita in campagna > ....
8. .... zia ha molto tempo libero > ....

(VOI)
9. .... nipote fa il professore di matematica > ....
10. ....cugina sa tutto sui monumenti di Venezia > ....

(LORO)
11. .... zio palermitano cucina benissimo > ....
12. .... sorella parte oggi per Ravenna > ....

2. IL PASSATO PROSSIMO

Gr
p. 181

"Non **ha avuto** nessuna notizia da Francesco, un ragazzo romano che **ha conosciuto** in luglio a Firenze. Oggi finalmente le **ha scritto**." / "Scusa se non ti **ho contattato** prima ma **sono partito** senza il tuo numero di cellulare."/ "Come **sono andate** le tue vacanze?" / "Le mie vacanze mi **sono piaciute** un sacco" / "Dopo **siamo rimasti** una settimana a Lido di Iesolo" / "**Siamo andati** in spiaggia e **abbiamo fatto** molto sport" / "**Ho perso** quasi sempre." / "**Siamo stati** in una di quelle famose discoteche. / **Ti sei divertita** con la tua famiglia?"

3. Completa con i verbi al passato prossimo:

Clara (*andare*) .... in vacanza in Riviera Romagnola con sua sorella. Le due ragazze (*partire*) .... da Milano in treno e (*arrivare*) .... a Ravenna. Poi (*prendere*) .... il pullman e (*andare*) .... a casa dei loro zii che abitano in un paesino sul mare. (*fare*) .... il bagno tutti i giorni, (*scrivere*) .... molte cartoline, (*abbronzarsi*) .... e (*divertirsi*) .... molto. (*conoscere*) .... nuovi amici e (*decidere*) .... di tornare lì anche l'anno prossimo. (*tornare*) .... a Milano la settimana scorsa.

4. Cosa hanno fatto ieri queste persone? Trasforma al passato e indovina che lavoro fanno
(l'avvocato / la studentessa / l'impiegato / l'infermiera / il tassista / la casalinga):

Alle	PAOLO	LUCIA	STEFANIA	SANDRO	GIANNI	CLAUDIA
8.00	Alzarsi e fare colazione	Coricarsi	Svegliare i bambini	Portare i clienti in macchina per la città	Fare colazione in un bar	Entrare a scuola
10.00	Andare in tribunale	Dormire	Mettere in ordine la casa		Avere una riunione con il direttore della banca	Seguire un corso d'inglese
13.00	Pranzare con i colleghi	Svegliarsi	Mangiare un'insalata	Parcheggiare la macchina	Fare una pausa	Mangiare in mensa
16.30	Studiare un caso difficile	Fare la spesa	Andare a prendere i bambini a scuola	Riposarsi un po'	Prendere la metropolitana per tornare a casa	Studiare storia
20.00	Cenare con sua moglie	Andare in ospedale	Preparare la cena	Pulire la macchina	Incontrare degli amici	Telefonare alla sua migliore amica
23.30	Andare a dormire	Occuparsi dei malati	Guardare la tv con suo marito	Andare alla stazione dei taxi e cominciare a lavorare	Tornare a casa	Coricarsi

3. SICCOME / DATO CHE

"**Siccome** ieri Maria mi ha chiamato, ho potuto chiederli a lei." / "**Dato che** mio cugino è molto bravo, ho perso quasi sempre."

5. Unisci gli elementi delle due colonne e forma delle frasi:

es. ieri sono arrivato in ritardo a scuola / perdere la prima ora di lezione > Siccome / dato che ieri sono arrivato in ritardo a scuola, ho perso la prima ora di lezione

1. mia madre è partita per lavoro
2. sono arrivato in ritardo alla stazione
3. non ho studiato
4. le vacanze sono finite

a. prendere un brutto voto
b. tornare a scuola
c. preparare da mangiare per i miei fratelli
d. perdere il treno

4. I PRONOMI PERSONALI DIRETTI E INDIRETTI

 p. 174

"**Ti** ho contattato" / " Maria **mi** ha chiamato"
"Oggi finalmente **le** ha scritto." / "Le vacanze **mi** sono piaciute " / "Scrivi**mi**" / "**Ti** mando delle foto"

6. Completa con il pronome diretto adatto (MI / TI / LO / LA / CI / VI / LI / LE):

1. "Vuoi un caffè?" "Sì, grazie, ... prendo volentieri."
2. "Mi passi la tua penna?" "Certo, ecco ....!"
3. "Venite da soli o .... accompagnano i vostri genitori?" ".......... accompagna nostro padre."
4. "Gli spaghetti, ... preferisci con il parmigiano o senza?" ".......... preferisco con il parmigiano."

5. "Chi può chiamare Gina e Mara per la festa?" ".......... chiamo io!"
6. "Vengo a prender .... alle sette, va bene?" "No, passa a prender .... un po' più tardi, per favore!"

7. Completa con il pronome indiretto adatto (MI / TI / LE / GLI / CI / VI / GLI):

1. "Il film è piaciuto a Chiara?" "Sì, il film *le* è piaciuto molto."
2. "Hai telefonato a tuo padre?" " Certo, *gli* ho telefonato stamattina."
3. "Hai detto a tuo cugino che lo zio arriva oggi?" "No, mi sono sbagliato e *gli* ho detto che arriva domani."
4. "Carlo e Luca hanno raccontato una bugia alle loro madri?" "Ma no! Non *gli* hanno raccontato una bugia."
5. "Carla deve telefonare proprio a me?" "Certo, *ti* telefona stasera."
6. "Avete scritto a Michela?" " Sì, *gli* abbiamo scritto domenica."

8. Indica qual è il pronome giusto.

Ieri Paolo ha chiamato suo cugino Giorgio. LO/GLI ha telefonato perché vuole invitarLA/LO a una festa sabato. Ma Giorgio non può perché ha promesso alla sua ragazza, Elisa, di accompagnarLA/LE a teatro anche se non GLI/LO piace per niente! Elisa LO/LI sa, ma dice che, dato che lei LI/LO accompagna sempre allo stadio, lui, per una volta, può andare a teatro con LEI/LORO. Paolo, allora, siccome Giorgio GLI/LI ha risposto che lui e Elisa non sono liberi sabato, ha deciso di invitarLE/LI domenica, per vedere insieme la partita in tv.

NAPOLI

Vesuvio

Unità 3

Ciao ragazzi!

Il Vesuvio

affresco - Pompei

Capri

Il golfo di Napoli

Pompei

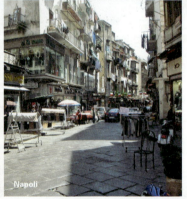

Napoli

Pompei

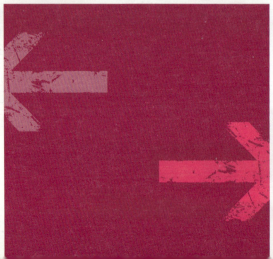

Capri

danza

L'imperfetto indicativo
L'alternanza passato prossimo e imperfetto
Altri verbi irregolari al passato prossimo
Avverbi di frequenza
Avverbi e aggettivi di qualità
La preposizione *a*
I connettivi: *prima, ora / adesso*

Parlo della mia vita in una situazione passata.
Descrivo una persona fisicamente.
Indico con quale frequenza faccio delle attività.
Parlo dello sport e delle attività del tempo libero.

Fai sport? Che sport fai?

pallavolo

pallacanestro

pattinaggio

calcio

nuoto

kajak

ciclismo

ginnastica

QUANDO ERO A NAPOLI...

🔊 Francesco ha un nuovo compagno di banco, Massimo. Durante la pausa tra due lezioni, Francesco, Simona
TR 19 e Massimo si mettono a parlare.

Francesco	Allora, sei nuovo? Di dove sei?	**Massimo**	Conosco solo la cantante: è una ragazza
Massimo	Di Napoli, sono arrivato a Roma qualche	20	magra, con i capelli molto lunghi, neri,
	giorno fa.		vero?
Simona	Come ti trovi qui?	**Simona**	Sì, è lei.
5 **Massimo**	Per il momento così così, non conosco	**Massimo**	Abbiamo fatto un concerto insieme una
	ancora nessuno. Quando ero a Napoli,		volta.
	conoscevo molta gente e avevo parecchi	25 **Francesco**	Beato te che sai suonare! Io per la musica
	amici, mi divertivo molto.		sono negato: studiavo pianoforte quando
Francesco	Cosa facevi?		ero piccolo ma non mi piaceva. Lo sport
10 **Massimo**	Un sacco di cose: giocavo a pallacanestro,		invece mi piace, faccio nuoto e gioco a
	suonavo la chitarra in un gruppo una volta		tennis regolarmente.
	alla settimana... Qui, per ora, non faccio	30 **Simona**	Anche a me piace giocare a tennis.
	niente.		Io e Francesco giochiamo spesso insieme.
Simona	Suonavi in un gruppo? Davvero?	**Massimo**	Allora facciamo così: io vi insegno a
15	Che bello! Io conosco dei ragazzi		suonare la chitarra e voi mi date lezioni
	napoletani che hanno una band, forse li		di tennis.
	conosci anche tu? Il loro gruppo si chiama		
	L'Urlo napoletano.		

giocavo a pallacanestro	Come ti trovi?	Che bello!	Qualch**e** giorn**o**
suonavo la chitarra	Beato(a) te!	Così così	**La** gent**e**
	Sono portato per / sono negato per		

1. Chi è Massimo?
2. Da quanto tempo è arrivato a Roma?
3. Come si trova a Roma? Perché?
4. Perché si divertiva molto a Napoli? Che cosa faceva?
5. A chi pensa subito Simona quando Massimo parla di musica?
6. Massimo descrive una persona: chi? Com'è?
7. A Francesco piace suonare?
8. Quale strumento suonava quando era piccolo?
9. Gli piaceva?
10. Che cosa piace a Francesco?
11. E a Simona?
12. Che cosa propone Massimo a Francesco e Simona?

1. Suoni uno strumento musicale?
2. Quale?
3. Che genere di musica ascolti (classica, rock, rap, tecno ...)?
4. Conosci la musica italiana? Quali cantanti italiani conosci?
5. In quali momenti della giornata ascolti musica?
6. Come conosci le ultime novità discografiche? (radio, internet, amici, tv, riviste...)

Con un(a) compagno(a). Create una scenetta e recitatela seguendo le indicazioni:

In una classe a Roma è arrivato(a) un(a) nuovo(a) compagno(a) da Palermo. A lo accoglie e gli fa delle domande per fare conoscenza.

A Chiede come si chiama.=> *"Come ti chiami?"*
B Risponde che si chiama Claudio(a) => *"Claudio, e tu?"*
A Risponde e chiede di dov'è? =>...
B Risponde che è di Palermo.
A Chiede come si trova a Roma.
B Risponde che si trova abbastanza bene.
A Chiede cosa faceva a Palermo.
B Risponde che faceva molte cose e che recitava in un teatro con amici.

QUANDO ERO A NAPOLI...

 # COMUNICHIAMO

Descrivere la propria vita (in una situazione passata e nel presente)

Prima... Quando ero piccolo... Da piccolo... Anni fa / tempo fa...	=> andavo a scuola a piedi => non mi piaceva la pasta => abitavo in campagna
Ora /adesso invece...	=> vado a scuola in autobus => la pasta mi piace molto => abito in una grande città

"Quando ero a Napoli, conoscevo molta gente e avevo parecchi amici, mi divertivo molto" / "Cosa facevi?" "Giocavo a pallacanestro, suonavo la chitarra in un gruppo"

1."Cosa facevi quando eri piccolo?"
Con un compagno/a fate delle domande e rispondete come nell'esempio:

es: Quando eri piccolo suonavi uno strumento?
– Sì, suonavo il violino / no, non suonavo.

1. abitare in campagna
2. giocare con i fratelli, sorelle / da solo
3. guardare molto la televisione
4. andare in bicicletta
5. avere molto tempo libero
6. dormire la mattina
7. leggere i giornalini
8. fare i compiti da solo/a
9. viaggiare con i tuoi genitori
10. andare a letto presto

2. Fai una lista di quello che ti piaceva fare quando eri piccolo e che ora non ti piace più:

es. Quando ero piccolo(a) mi piaceva moltissimo guardare i cartoni animati e ora non mi piace più.

Giocare con le bambole / giocare con le macchinine / colorare immagini / leggere i giornalini / giocare con la playstation / giocare a ping pong / fare puzzle / giocare con le costruzioni (Lego, Playmobil...) / disegnare /

Descrivere una persona

Ha i capelli		È alto(a) / basso
- neri / scuri	- castani	magro(a) / grasso(a)
- rossi	- biondi	snello(a)
- grigi	- bianchi	
- corti / lunghi	- ricci / lisci	ha gli occhiali
		ha i baffi
Ha gli occhi scuri / azzurri / verdi		ha la barba

"è una ragazza magra, con i capelli lunghi, neri."

3. Con i compagni, descrivi i personaggi della foto.

4. Con due compagni scegliete un personaggio misterioso. Descrivetelo ai compagni che devono indovinare chi è:

 È un famoso cantante italiano. Ha i capelli scuri lunghi. È piuttosto grasso, porta spesso la barba corta e si veste spesso di nero e porta sempre un cappello. Il suo nome è molto... dolce!

Z_C_H_ R_

Parlare delle attività del tempo libero e della loro frequenza

Faccio tennis / pallavolo / nuoto **una volta alla settimana**
Ogni tanto (= **qualche volta**) gioco a calcio / a pallacanestro
Vado **spesso** in bicicletta

Non suono **quasi mai** la chitarra / il pianoforte / la batteria / il basso

Non faccio **mai** sport / la domenica mattina faccio **sempre** jogging

"suonavo la chitarra in un gruppo una volta alla settimana..." / "Io e Francesco giochiamo spesso insieme"

5. Con un(a) compagno(a). Indica con quale frequenza fai queste attività.

es. giocare a pallavolo > Non gioco mai a pallavolo
suonare la chitarra > Suono la chitarra ogni tanto

Prendere lezioni di musica	Disegnare
Scrivere poesie	Andare in roller
Fare danza	Nuotare in piscina

INTERMEZZO

6. Leggi il testo e metti in ordine i disegni.

TR 20

L'INCONTRO CON GUIDO LAREMI

A) All'inizio della quinta ginnasio [1] Guido Laremi è stato trasferito nella mia classe. <u>Eravamo</u> immersi nel fluido paranoico [2] di una lezione di latino, e lui <u>è entrato</u> dietro al preside. Non l'ho riconosciuto subito, perché <u>aveva</u> i capelli più scarruffati [3] e lunghi che al nostro primo incontro ed <u>era</u> vestito in un altro stile, con jeans chiari e scarpe da tennis. (...)

B) Lui <u>è venuto</u> verso il fondo, <u>guardava</u> le facce dei tre o quattro studenti che <u>occupavano</u> da soli un banco per due. <u>È arrivato</u> fino a me e senza guardarmi <u>si è seduto</u> al mio fianco; <u>ha fissato</u> la cattedra a denti stretti, in atteggiamento di grande attenzione. Solo dopo qualche minuto <u>si è girato</u>, mi <u>ha detto</u> "Ehi".

C) Quando <u>siamo usciti</u> alla fine delle lezioni e <u>scesi</u> per le scale gli <u>ho chiesto</u> come mai [4] l'avevano trasferito da noi. Lui <u>ha detto</u>: "È una storia patetica": senza la minima intenzione di spiegarmi quale.
Gli <u>ho chiesto</u> se <u>voleva</u> un passaggio in moto; lui mi <u>ha ringraziato</u>, <u>ha detto</u> che <u>doveva</u> restare.
<u>Era</u> chiaro che <u>aspettava</u> una ragazza.

1. Quinta ginnasio: secondo anno del liceo classico
2. Fluido paranoico: modo ironico per indicare l'atmosfera di una lezione noiosa.
3. Capelli scarruffati: capelli disordinati
4. Come mai: perché

Da A. De Carlo, *Due di Due*

7. Descrivi la persona dei disegni: com'era? Com'è adesso ?

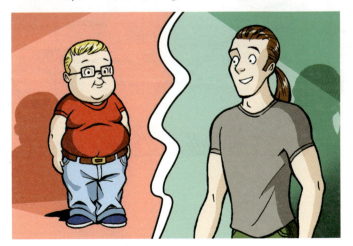

8. Ascolta l'intervista e indica quali sport sono nominati.

9. Riascolta l'intervista e indica se le affermazioni sono vere o false.

1. La danza è molto praticata.
2. Gli italiani giocano spesso a pallavolo.
3. Lo sci è poco praticato perché è troppo caro.
4. Chi ama la natura preferisce fare nuoto.
5. In piscina si può fare acquagym.

10. Rispondi:

Quali sono gli sport più praticati nel tuo paese?
Nella tua scuola, quali sport è possibile praticare?
E tu, preferisci gli sport individuali o di squadra? Perché?

11. Guarda questa lista che riguarda Napoli e la Campania: qual è l'intruso?

la pizza / Totò / il Monte Bianco / Capri / Eduardo De Filippo / il presepe / Pulcinella / Pompei / il Vesuvio

il presepe

il Vesuvio

Capri

Totò

TR 23

12. Ascolta il dialogo e completa la ricetta della pizza:

Ingredienti per 4 persone: 1/2 Kg di _____ da pane, 300g circa di polpa di _____, 2 mozzarelle, qualche foglia di _____, olio d'oliva e _____.

Prendete la polpa di pomodoro, tagliate la mozzarella. Pulite le foglie di basilico. Stendete la pasta e mettete sopra il pomodoro e circa l'equivalente di una mozzarella. Condite con sale, basilico e olio, e cuocete in forno preriscaldato a 250° per 20-25 minuti. Cinque minuti prima del termine della cottura distribuite sulla superficie della pizza la restante mozzarella.

13. Guarda la pubblicità. Quale personaggio napoletano della Commedia dell'Arte si riconosce?

Vuoi conoscere altre ricette di pizza?
Cerca sul sito www.pizza.it

LA LINGUA ITALIANA

1. L'IMPERFETTO INDICATIVO *Gr* p. 182

"Quando **ero** a Napoli, **conoscevo** molta gente e **avevo** parecchi amici, **mi divertivo** molto" / "Cosa **facevi**?" "**giocavo** a pallacanestro, **suonavo** la chitarra in un gruppo" / "**studiavo** pianoforte quando **ero** piccolo ma non mi **piaceva**."

@ 1. Completa il racconto di Gianni:

Gianni racconta come passava l'estate da piccolo: "Quando (*essere*) .... bambino, d'estate (*andare*) .... sempre dai miei nonni in campagna. I miei genitori (*lavorare*) .... nei mesi di giugno e luglio e (*venire*) ---------------- solamente in agosto; quindi per quasi due mesi io e mia sorella (*rimanere*) .... soli con i miei nonni. La vita in campagna ci (*piacere*) .... molto: (*giocare*) .... con gli animali, (*correre*) .... sui prati, e io (*aiutare*) .... spesso il nonno quando (*lavorare*) .... Mia sorella (*andare*) .... spesso con la nonna a raccogliere i fiori. Le vacanze dai nonni (*essere*) .... meravigliose per noi!"

2. L'IMPERFETTO INDICATIVO E IL PASSATO PROSSIMO *Gr* p. 182

@ 2. Rileggi il brano di A. De Carlo a pagina 47. Quali sono i verbi al passato prossimo? Quali all'imperfetto? Per ogni verbo, trova l'infinito.

@ 3. Completa le frasi con i verbi al passato prossimo o all'imperfetto:

es. Dato che mi (*piacere*) **piaceva** la musica, due anni fa mia madre mi (*iscrivere*) **ha iscritto** a un corso di chitarra.

1. Sara (*cominciare*) .... a studiare il francese quando (*essere*) .... piccola.
2. Ieri (*fare*) .... caldo, allora noi (*andare*) .... al mare.
3. Quando Carla e Alice (*avere*) .... 10 anni, (*abitare*) .... a Milano. Poi la loro famiglia (*trasferirsi*) .... a Napoli.

4. Nel 2005 io (*fare*) .... un bellissimo viaggio in Francia quando mio padre (*lavorare*) .... per una società francese.
5. Tu (*fare*) .... gite scolastiche quando (*andare*) .... alla scuola elementare?

3. PARTICIPI PASSATI IRREGOLARI *Gr* p. 182

@ 4. A squadre formate i participi di questi verbi con le lettere date in disordine.

leggere – scrivere – mettere – prendere – dire – rimanere – scegliere – aprire – chiudere – chiedere.

TTLEO / SRICOTT / SSOME / ORPES / TTEDO / STORMIA / LTESCO / OSHCIU / SOTHCIE

@ 5. Fai almeno 4 frasi al passato prossimo usando i participi che hai trovato.

4. I PRONOMI DIRETTI CON IL PASSATO PROSSIMO *Gr* p. 174

@ 6. Trasforma le frasi come nell'esempio.

es. ho spedito la cartolina > **l'**ho spedit**a** > ho spedito le cartoline > **le** ho spedit**e** / abbiamo comprato il libro d'inglese > **l'**abbiamo comprat**o** > abbiamo comprato i libri d'inglese > **li** abbiamo comprat**i**

1. Abbiamo letto il libro di De Carlo.
2. Avete chiesto l'informazione necessaria?
3. Ho aperto la porta.
4. Hai messo il quaderno nello zaino?
5. I miei amici hanno preso il biglietto.
6. Ho fatto l'esercizio.
7. Hai incontrato mio fratello?
8. Avete finito la lettera?
9. Abbiamo mangiato la pizza.
10. Ho ricevuto la cartolina.

5. AVVERBI E AGGETTIVI DI QUANTITA' p. 176

"conoscevo **molta** gente e avevo **parecchi** amici, mi divertivo **molto**"/ "Con i capelli **molto** lunghi"

7. Completa con **molto**. Fai l'accordo quando è necessario.

1. Quando ero piccolo leggevo .... giornalini.
2. Il rock mi piace ....
3. Napoli è una città .... bella.
4. Ieri non sono stato .... bene.
5. Ascolto .... canzoni italiane.
6. Non ho .... tempo per suonare il violino.
7. Michela studia danza con .... passione.
8. Lucia ha i capelli .... corti.
9. Francesco vive a Roma da .... anni.
10. I ragazzi italiani conoscono .... bene la musica inglese.

8. Completa con **poco, molto, parecchio, troppo**. Fai l'accordo quando è necessario.

1. Guardo .... film in tv. (*parecchio*)
2. Leggo .... libri di avventura. (*poco*)
3. Questi dolci sono .... buoni. (*molto*)
4. Ieri ho mangiato .... (*troppo*)
5. Questi esercizi sono .... difficili! (*troppo*)
6. Le tue amiche sono .... simpatiche con me. (*poco*)
7. Oggi ho studiato .... (*parecchio*) perché devo fare due compiti .... difficili domani. (*molto*)
8. Ho .... amici a Napoli. (*molto*)
9. Questi dischi sono .... cari. (*troppo*)
10. Oggi ho .... tempo per fare sport. (*poco*)

LA PREPOSIZIONE "A" p. 175

"Sono arrivato **a** Roma" / "giocavo **a** pallacanestro"

9. Completa le frasi con **al, all', alla, allo, ai, agli** o **alle**:

1. Faccio nuoto due volte .... settimana.
2. Domani vado .... ristorante con i miei genitori.
3. Ho lezione d'italiano .... dieci.
4. Domenica scorsa sono andato .... stadio per vedere la partita della Juventus.

5. Ho telefonato .... miei compagni di classe per invitarli .... mia festa di compleanno.
6. Ho scritto una cartolina .... amici che ho conosciuto in Toscana l'estate scorsa.
7. Vieni .... Opera con me?
8. Massimo pensa .... amici che aveva a Napoli.
9. Questo concerto è riservato .... studenti.
10. Francesco fa delle domande .... nuovo compagno.

10. **A , AL** o **ALLA**? Completa con la forma giusta:

1. Ieri Carla è andata .... cinema.
2. Stamattina sono arrivata .... scuola in ritardo.
3. .... che ora ti sei svegliata ieri mattina?
4. Gioco .... tennis tre volte .... mese.
5. Ieri siamo rimasti .... casa perché volevamo guardare un film in tv.
6. Vado .... corso di disegno una volta .... mese.
7. Vieni a giocare .... calcio con me?
8. Sei già andato .... Napoli?
9. Il concerto è piaciuto molto .... gente.
10. Ho chiesto un autografo .... cantante.

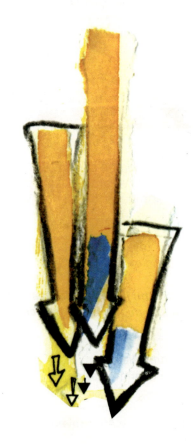

Unità 4

Ciao ragazzi!

Il Pantheon

Il Foro Romano

Trinità dei Monti

CAVE C NEM

Il Colosseo

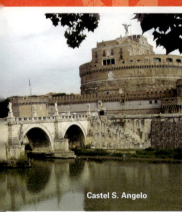
Castel S. Angelo

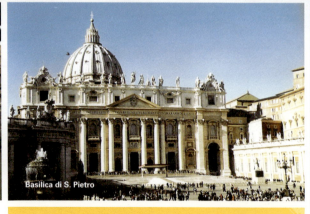
Basilica di S. Pietro

Piazza Navona

Chiamo e rispondo al telefono.
Situo gli oggetti nello spazio.
Descrivo la mia camera.
Parlo del mio rapporto con gli animali.

la tartaruga

Stare + gerundio e *stare per* + infinito
La forma di cortesia
I connettivi: *quindi*
Il superlativo assoluto
Ne e *ci* (*c'è* / *ci sono*)

Piazza della Minerva

Ti piacciono gli animali? Quali animali preferisci?

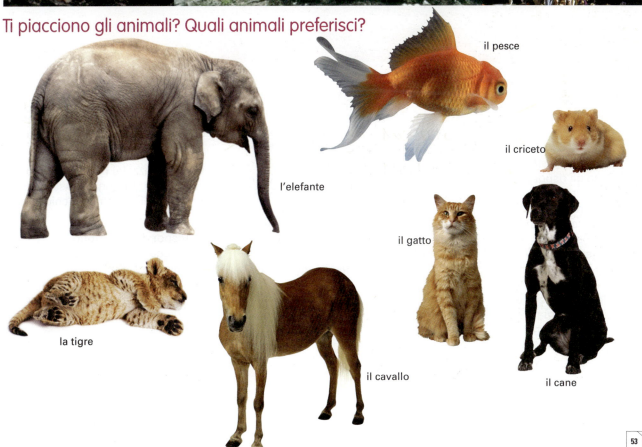

il pesce

il criceto

l'elefante

il gatto

la tigre

il cavallo

il cane

SCUSI, SIGNORA...

 TR 24 Massimo ha un problema e telefona al suo amico Francesco.

Massimo	Pronto? Francesco?
Signora	No, mi dispiace. Ha sbagliato numero.
Massimo	Ah? Non è lo 06231152…?
Signora	No, qui è lo 06231252…
5 **Massimo**	Ah, mi scusi, signora!
Massimo	Pronto? Francesco, per fortuna ti trovo. Ho perso Silvestro, il mio gattino. Lo sto cercando dappertutto. Ho guardato sotto i letti, dietro i mobili, sul terrazzo…
10	ma è proprio sparito, sono preoccupatissimo! Sto per uscire per vedere se lo trovo nel quartiere. Mi dai una mano a cercarlo?
Francesco	Sto facendo i compiti di matematica, ma non c'è problema, arrivo fra cinque minuti.
15	Chiamo anche Simona.
Massimo	L'ho già chiamata, sta per arrivare.

Francesco, Massimo e Simona si incontrano sotto la casa di Massimo.

Simona	Scusi, signora, ha visto un gatto bianco e nero con un collare rosso?
20 **Signora**	Qui nel quartiere ci sono moltissimi gatti. Però non ricordo di avere visto un gatto con un collare…
Francesco	Scusi, signore, posso mettere un volantino sulla porta del suo negozio? Il mio amico
25	ha perso il gatto.
Negoziante:	Avete perso un gatto? Ho sentito che una signora ne ha trovato uno. Un gatto molto piccolo con un collare rosso. L'ha portato all'Associazione Protezione
30	Animali. Quindi se andate lì forse lo trovate.
Massimo	Ah, benissimo! Allora ci andiamo subito. Grazie!

Il cellulare di Massimo squilla.

35	Pronto?
Mamma di Massimo	Massimo, sono la mamma. L'ho trovato! Era nascosto tra il frigo e la lavatrice…

Ha sbagliato numero	Mi dai una mano?	Arrivo fra cinque minuti
Un gattino	Non c'è problema	

---

1. A chi telefona Massimo? Perché?
2. Dove ha cercato Silvestro?
3. Com'è Silvestro?
4. Cosa gli risponde Francesco?
5. Chi aiuta Massimo?
6. Cosa risponde a Simona la signora?
7. A chi si rivolge Francesco e cosa gli chiede?
8. Chi interviene e quali informazioni dà?
9. Massimo riceve una telefonata dalla mamma. Perché?
10. Dov'era il gatto?

1. Avete animali a casa?
2. Ti piacciono gli animali?
3. Quali preferisci?
4. Conosci persone che ne hanno?
5. Gli anziani hanno spesso un gatto o un cane. Come mai, secondo te?
6. Conosci persone che fanno volontariato? In che campo?
7. E tu, fai parte di qualche associazione di volontariato?

Con un(a) compagno(a). Create una scenetta e recitatela seguendo le indicazioni:

Un(a) ragazzo(a) ha perso il suo cane Pippo. Telefona all'Associazione Amici degli Animali per chiedere se lo hanno trovato.

A Risponde al telefono
B Chiede se hanno trovato un cane
A Chiede com'è
B Descrive il cane
A Dice che forse l'hanno trovato
B Chiede se può passare a prenderlo
A Gli dice che l'associazione è aperta tutta la mattina
B Chiede l'indirizzo
A Spiega che l'associazione si trova in via Garibaldi tra il cinema Lux e la Posta Centrale
B Ringrazia e saluta

SCUSI, SIGNORA. . .

COMUNICHIAMO

Telefonare e rispondere al telefono

TU

Pronto? C'è Filippo, per favore?	Pronto? Sì, sono io. Un attimo, lo chiamo. No, mi dispiace, è uscito. / Non c'è. Chi parla? Gli vuoi lasciare un messaggio?
Pronto, posso parlare con Maria?	Un momento, la chiamo. No, mi dispiace, è uscita. / Non c'è. Le vuoi lasciare un messaggio?

LEI

Pronto? Posso parlare con il signor Rossi?	Un attimo, lo chiamo. È assente. Può chiamarlo sul cellulare. Gli vuole lasciare un messaggio?
Pronto, posso parlare con la signora Romano?	Un attimo, la chiamo. È assente. Può chiamarla sul cellulare. Le vuole lasciare un messaggio?

"Pronto? Massimo, sono la mamma."

1. Con un(a) compagno(a), completate queste telefonate:

1. Pronto?

   ....

   Sì, ..., la chiamo.

2. ....

   Pronto, sono Michela, ...?

   No, mi dispiace, ...

3. ....

   Pronto, ...?

   ....?

   Sono Arianna, una sua compagna di scuola.

4. Pronto, Carlo?

   No, ...

   Ma ....34434326?

   No, è il 34434526.

   ....

2. Con un(a) compagno(a), fate le seguenti telefonate:

Telefoni al tuo amico Giulio ma risponde il suo papà.
Giulio sta facendo i compiti.
Telefoni alla tua amica Alice ma fai un numero
sbagliato. Ti risponde una signora.
Vuoi parlare con il signor Neri. Risponde direttamente lui.
Vuoi parlare con il tuo amico Stefano ma sua madre ti
dice che è uscito.

Parlare dell'azione del momento

Cosa sta facendo tuo fratello in questo momento?	Sta guardando la tv / sta bevendo una coca cola / sta finendo i compiti / si sta divertendo /
Cosa stavi facendo quando ti ho telefonato?	Stavo leggendo il giornale

"Lo sto cercando dappertutto." / "Sto facendo
i compiti."

3. Con un(a) compagno(a). Fate delle domande secondo il modello e immaginate le risposte:

es. "Secondo te, cosa sta facendo tua madre?"
"Sta preparando il pranzo."

Cosa sta facendo tuo padre?
Cosa stanno facendo i tuoi fratelli o sorelle?
Cosa sta facendo il tuo attore preferito?
Cosa sta facendo...?

Stare per

Sto per uscire
Quando mi hai telefonato stavo per uscire

"Sto per uscire." / "sta per arrivare."

4. Guarda i disegni: cosa sta per fare Milena?

Situare nello spazio

Davanti alla finestra / Dietro la tenda
Sopra il letto / Sotto l'armadio
Sul mobile / sulla sedia / sull'armadio
Tra (fra) la scrivania e la poltrona
Vicino alla porta
A destra del vaso di fiori / A sinistra della lampada

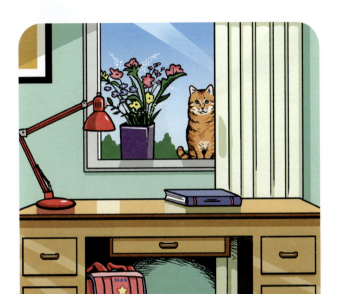

5. Con un(a) compagno(a). Guardate i disegni, dove sono gli oggetti? Fai delle domande al tuo compagno e rispondi secondo il modello:

es. "Dov'è il libro?" "È sulla scrivania."

6. Ecco come Francesco descrive la sua camera. Prova a disegnarla su un foglio!

La mia camera non è molto grande. A destra della porta c'è il letto contro il muro e vicino un tavolino. La finestra è di fronte al letto e a sinistra della porta. Sotto la finestra c'è la mia scrivania e, a destra della scrivania, ci sono degli scaffali per i miei libri. Per me, la mia camera è bellissima!

7. Ora descrivi la tua camera.

INTERMEZZO

🔴 8. Leggi l'articolo:
TR 25

ROMA E I SUOI GATTI

A Roma ci sono 300.000 gatti circa, 180.000
vivono nelle case e 120.000 nelle strade.
Per questo il gatto è diventato uno dei simboli
della città e il Comune ha deciso di proteggerli.
I gatti randagi sono proprietà della città di Roma
per legge e sono considerati cittadini a tutti gli
effetti. I gatti di Roma vivono in gruppi che si
chiamano colonie. Una delle colonie più famose
è quella di Torre Argentina dove 300 gatti circa
vivono contenti tra i resti di antichi templi
romani (sec. 400-300 a.C.). Il comune si occupa
dell'assistenza veterinaria degli animali e della
loro protezione (A Roma trattare male un gatto
è punibile dalla legge!). Invece privati cittadini,
di solito appartenenti a associazioni di
volontariato, si occupano di nutrirli, in modo
totalmente gratuito. In passato erano soprattutto
donne (i romani le chiamano "le gattare") ma
oggi ci sono anche molti uomini.

adattato da http://www.udacomuneroma.it

9. Guarda questi animali? Quali ti piacciono?
Quali non ti piacciono?

il cane

il gatto

l'elefante

il criceto

il pesce

il ragno

il rinoceronte

l'uccello

l'agnello

la lumaca

il mulo

l'orso

il serpente

il lupo

la zanzara

🔴 10. Ascolta l'intervista e indica quali animali
TR 26 sono citati:

🔴 11. Riascolta. Quali erano gli animali domestici?
TR 27 Quali animali erano utilizzati nelle pratiche
religiose? Quali animali si usavano per i giochi
al Colosseo?

12. Conosci queste espressioni sugli animali? Quando qualcuno

1. ha molta fame		ha una fame da…
2. non dimentica mai niente		ha una memoria da…
3. non cambia mai idea	**si dice che**	è testardo come un…
4. non rivela dei segreti		è muto come un…
5. fa tutto lentamente		è una…

13. Guarda questa pubblicità. Che cosa significa secondo te? Cosa ne pensi?

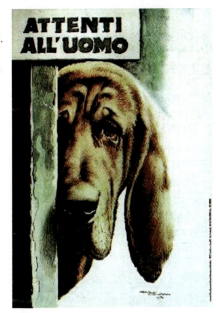

14. Ascolta il testo e completa con le cifre mancanti:
TR 28

I cani abbandonati

ogni anno sono…
nei mesi di giugno, luglio e agosto sono…
ogni giorno sono…
ogni ora sono…

Secondo te perché i padroni abbandonano i loro cani?

15. Ascolta il seguito. In quali circostanze un animale rischia di essere abbandonato più facilmente?
TR 29

1. ....
2. ....
3. ....

16. Angela vuole partire per le vacanze. Ma come fare con Fido? Ascolta le telefonate e…
TR 30

Indica in quali telefonate Angela dà del tu e in quali dà del Lei.

1. ....   2. ....   3. ....   4. ....   5. ....

17. Riascolta le telefonate e indica se le affermazioni sono vere o false:
TR 31

1. Luca non vuole tenere Fido perché ha già un animale.
2. I cani non possono entrare all'hotel Bellavista.
3. Il numero di telefono del Rifugio del Cane è lo 06.11.56.45.32
4. Il prezzo è 12 euro al giorno.
5. La nonna di Angela accetta di tenere il cane.

18. Leggi l'articolo. Chi ha ragione secondo te, Luca o il suo allenatore? Perché?
TR 32

RINUNCIA ALLA NAZIONALE PER SALVARE IL COCKER

MILANO — Brick deve la vita al suo «papà» tanto speciale. Luca Ansoldi, 24 anni, campione di hockey su ghiaccio, che da tre gioca in nazionale. E che ha rinunciato alla nazionale per assisterlo…. Il giorno della partenza ha avvertito l'allenatore: «Il mio cane sta morendo. Devo assisterlo, stavolta non posso proprio partire».
Poche parole che non sono piaciute per niente all'allenatore. Ed ora il campione rischia di pagare molto caro il suo grande amore per il fedele Brick (…): «Un atleta convocato, se non si presenta e non fornisce motivazioni valide deve essere segnalato. E un cane malato non è una giustificazione valida», dice il presidente della Federghiaccio.
Luca comunque non ha dubbi: «Sta bene, per me è la cosa più importante. Avevo 11 anni quando con mio fratello e i miei genitori siamo andati a prenderlo al canile. È uno di famiglia, non potevo lasciarlo, credetemi. Sono certo che tutti possono capirmi. »

Da Il Corriere della Sera, 05/09/06

LA LINGUA ITALIANA

1. STARE + GERUNDIO, STARE PER + INFINITO Gr p. 181

Lo **sto cercando. Sto facendo** i compiti. **Sto per uscire. Sta per arrivare.**

1. Completa con **stare + gerundio** al presente:

1. "Cosa (*fare*) .... Marco?" "(*cercare*) .... il suo cane".
2. Io e i miei amici (*aspettare*) .... l'autobus per andare a scuola.
3. I miei genitori (*andare*) .... a lavorare.
4. Il mio insegnante (*bere*) .... il caffè con i suoi colleghi.
5. Cosa (*voi - fare*) ....?
6. (*Noi - finire*) .... i compiti.
7. (*Io divertirsi*) .... molto a questa festa.
8. Milena (*aiutare*) .... il papà a preparare il pranzo.
9. Sono già le undici e i miei fratelli (*alzarsi*) .... solo ora.
10. Non sento bene. Cosa (*tu - dire*) ....?

2. Completa con **stare + gerundio** all'imperfetto:

*es. Ieri mi hai telefonato mentre **stavo facendo** la doccia.*

1. Paolo (*parlare*) .... con sua madre quando è arrivato suo padre.
2. Quando sono entrata nel bar, i miei amici (*bere*) .... una coca.
3. Cosa (*voi - dire*) .... quando è arrivato l'insegnante d'inglese?
4. Ieri sera mi hai telefonato proprio mentre (*finire*) .... i compiti di scienze.
5. Sono arrivato alla stazione mentre il treno (*partire*) ....
6. Ho aperto la porta proprio mentre mio cugino (*parlare*) .... di me.
7. I nonni hanno chiamato quando (*noi, guardare*) .... un giallo in tv.
8. Il professore ha guardato dalla parte di Luca proprio mentre (*suggerire*) .... la risposta al vicino di banco.
9. Mia zia mi ha telefonato mentre (*ascoltare*) .... le canzoni di Zucchero.
10. Marco leggeva un giornalino mentre la sorella (*lavare*) .... i piatti.

3. Completa con **stare per** + infinito o con **stare + gerundio**:

° Pronto, Carla?
- Oh, Gianni, ciao!
° Come va? Cosa (*fare*) .... di bello?
- Mi (*preparare*) .... (*andare*) .... al cinema con Luca, vieni con noi?
° Mi dispiace ma (*uscire*) .... con i miei, tra pochi minuti andiamo dai nonni.
- Un'altra volta, allora. Ti lascio, Luca mi (*aspettare*) .... Ciao.

2. LA FORMA DI CORTESIA

Scusi, signora. Scusi, signore.

4. Trasforma i dialoghi dal **tu** al **Lei**:

1. "Ciao, scusa, tu sei Paolo Rossi?"
   "Sì, sono io. E tu sei..."
   "Sono Marco Simoni."
2. "Anche tu sei romano?"
   "Sì. Dove abiti?"
   "Vicino a piazza Navona. E tu?"
   "Vicino alla stazione Termini."
3. "Scusa, stai aspettando la professoressa di matematica?"
   "Sì, e tu?"
   "Anch'io."
4. "Ciao, come stai?"
   "Benissimo, e tu?"
   "Bene, grazie. Cosa stai facendo qui?"

3. QUINDI

5. Completa liberamente:

Oggi non mi sento bene, quindi...
I miei genitori non mi fanno uscire la sera, quindi...
Ho dimenticato le chiavi di casa, quindi...

6. Trasforma secondo il modello:

*es. Siccome / Dato che / Visto che la mia bici era rotta, sono andato a scuola a piedi => La mia bici era rotta **quindi** sono andato a scuola a piedi.*

1. Dato che ho perso l'autobus, sono arrivata in ritardo.
2. Visto che alla TV c'era la mia trasmissione preferita, sono rimasto a casa.

3. Siccome ho molta fame, mi preparo un panino.
4. Dato che non hai ancora letto questo libro, lo puoi leggere questo fine settimana.
5. Visto che non conosci questo film, è meglio se non ti racconto la fine.

4. IL SUPERLATIVO ASSOLUTO *Gr p. 177*

Sono **preoccupatissimo**. Ci sono **moltissimi** gatti. **Benissimo**!

6. Completa con gli aggettivi e gli avverbi del riquadro al superlativo assoluto, secondo il modello:

es. Questa moto è bellissima. / Oggi i miei nonni stanno benissimo.

simpatico / poco / veloce / magro / piccolo

1. La Ferrari è una macchina ....
2. Il mio cane è ....
3. Carlo pesa solo 50 chili, è ....
4. Mio fratello studia ....
5. Il tuo amico mi piace molto, è davvero ....

7. Ora metti gli aggettivi e avverbi contrari:

es. questa bicicletta è bruttissima. / Oggi i miei fratelli stanno malissimo.

antipatico / molto / lento / grasso / grande

1. La Cinquecento è una macchina ....
2. Il mio gatto è ....
3. Carlo pesa 100 chili. È ....
4. Mia sorella studia ....
5. La tua amica non mi piace, è davvero ....

5. CI e NE *Gr p. 174*

Non **c'è** problema. Qui nel quartiere **ci sono** moltissimi gatti. Ho sentito che una signora **ne** ha trovato **uno**. Allora **ci** andiamo subito.

8. CI o NE?

1. "Quando vai alla stazione?" "............ vado alle 16."
2. "Hai visto i miei compagni di classe?" "Sì, ... ho visti due o tre al bar davanti alla scuola."
3. "Pronto, ... è Paolo, per favore?" "No, mi dispiace, è uscito."
4. "Con chi siete andati dai nonni?" "............ siamo andati con i nostri genitori."
5. "Sei già andata in Francia?" "Sì, ... sono andata quando ero piccola."

6. "Scusi, ha un biglietto dell'autobus?" "No, mi dispiace, non .... ho più, li ho finiti."
7. "Quanti animali .... sono in questo zoo?" "Non lo so esattamente, io .... ho contati trenta".
8. "Quando andavi alla scuola elementare, quanti compagni .... erano nella tua classe?" "Venti, credo".
9. "Ti ho già dato dieci fogli di carta. .... vuoi di più?"
10. "Di quanti francobolli hai bisogno?" "Beh! .... sono due lettere e sei cartoline da spedire subito. .... voglio otto."

9. Completa la risposta secondo il modello:

*es. "Quante frasi hai scritto?" "Non **ne** ho scritta nessuna / **Ne** ho scritte due. / **Le** ho scritte tutte."*

1. "Quanti caffè hai bevuto?" "............ uno."
2. "Quanti animali ha Carla?" "............ nessuno."
3. "Quante caramelle ha mangiato Luca?" "............ tutte."
4. "Quanti esercizi hai fatto?" "............ tutti."
5. "Quanti amici romani ha incontrato Tina?" "............ quattro."

10. Completa con LO/LA/LI/LE o NE e fai l'accordo del participio:

Ieri sono andato con Marina all'Associazione dove lavora come volontaria. .... ho accompagnat............ perché volevo vedere cosa fanno lì. Mi ha presentato i suoi amici e .... ho trovat............ davvero simpatici. Però .... ho vist............ solo due, perché gli altri erano a una riunione.
Mi hanno mostrato i gatti che hanno recuperato negli ultimi giorni. .... ho trovat............ così carini!
Avevo voglia di prender............ uno ma prima devo chiedere ai miei genitori se sono d'accordo.

11. Completa il testo con CI, NE o LO.

Il Pantheon è in piazza della Rotonda vicino a piazza della Minerva. Era un tempio dedicato a più divinità. Domiziano .... ha fatto restaurare. Nel settimo secolo l'imperatore .... ha donato al papa che ha fatto una chiesa: questa trasformazione .... ha favorito la conservazione fino ai giorni nostri. L'interno presenta una pianta circolare. Al centro .... è l'unica apertura della cupola che crea un effetto luminoso che .... mette in valore la grandiosità e l'armonia. Nelle cappelle dell'interno .... sono numerose opere d'arte.

Unità 5

Ciao ragazzi!

Piazza Navona

Piazza di Spagna

S. Pietro

Trinità dei Monti

La fontana di Trevi

Il Vittoriano

L'Arco di Trionfo

Parlo di azioni future.
Racconto una storia, un film.
Faccio dei paragoni.
Esprimo accordo e disaccordo.

Uso di *anch'io* / *neanch'io* / *anche a me* / *neanche a me*
Le forme di *bello* e di *quello* davanti a un nome
Il futuro
L'uso di *tra* e *fra* nelle frasi al futuro
I comparativi di uguaglianza, inferiorità e di superiorità

Roberto Benigni   Sergio Leone

Conosci dei film italiani? Quali hai già visto?

TRA DUE GIORNI INIZIERÀ IL FESTIVAL DEL CINEMA

Francesco, Massimo, Simona, Alice e Elisa si trovano a Piazza di Spagna.

Massimo	Ragazzi, avete sentito ieri sera in tv? Fra due giorni inizierà il festival del cinema e uscirà finalmente l'ultimo film di fantascienza di Spielberg.
5 **Francesco**	Non lo sapevo.
Massimo	Scherzi? Ne hanno parlato tutti i giornali.
Alice	No, per favore! Ancora un film di fantascienza! Io non li sopporto!
Elisa	Neanch'io! Perché non andiamo a vedere 10 un bel film italiano per una volta? Al cinema Lux ci sarà "Caterina va in città", uno dei miei film preferiti.
Alice	Ne ho sentito parlare. Non è quel film che parla di una ragazza che arriva a Roma, 15 dove non conosce nessuno; è simpatica ma non riesce a farsi degli amici?

Simona	Anch'io lo voglio vedere.
Massimo	Io invece no, preferisco i film americani. Generalmente sono più spettacolari dei 20 film italiani: c'è più azione, e ci sono degli effetti speciali impressionanti.
Alice	Ma allora cosa facciamo?
Massimo	Ci vediamo sabato alle quattro a piazza Navona e decideremo cosa andremo a 25 vedere.
Francesco	Io, purtroppo, non potrò venire con voi. Sabato andrò a Perugia per vedere Chiara, una mia amica di Firenze.
Elisa	Ah, questa ragazza fiorentina è più 30 importante di noi, allora! Bell'amico che sei!

Ragazzi, avete sentito?	Fra due giorni inizierà il	No! Per favore!
Scherzi?	festival del cinema	Bell'amico che sei!

---

1. Dove si trovano i cinque amici?
2. Quanti ragazzi e quante ragazze ci sono?
3. Che tipo di film vuole vedere Massimo?
4. Chi non vuole andare a vedere questo film? Perché?
5. Invece, che genere di film propone di andare a vedere Elisa?
6. Come si chiama uno dei suoi film preferiti?
7. Di cosa parla il film?
8. Perché Massimo preferisce i film americani?
9. In che giorno e a che ora si vedranno?
10. Dove si incontreranno?
11. Chi non verrà? Perché?

1. Ti piace il cinema?
2. Dove guardi la maggior parte dei film che vedi? Al cinema, in tv, con i dvd?
3. Come scegli il film che vuoi vedere? Come fai per conoscere i programmi?
4. Quale genere di film preferisci? (D'azione, romantici, d'avventura, comici…) Perché?
5. Quali film non ti piacciono? Perché?
6. Qual è l'ultimo film che hai visto? Di cosa parla? Ti è piaciuto?
7. Qual è il prossimo che andrai a vedere? Perché?
8. Dove si trovano i cinema nella tua città? In quale sala preferisci andare e perché?
9. Quanto costa il biglietto? C'è un sistema di abbonamento?
10. Quando sei con i tuoi amici guardate dei film insieme? Dove?
11. È facile decidere cosa fare? Avete gli stessi gusti?

Con due compagni. Tre amici decidono di andare al cinema insieme e discutono di quale film andare a vedere.

A Dice che fra una settimana uscirà il film "Omicidio a Palermo" e propone di andare a vederlo.
B Dice che non sopporta i film gialli e propone di andare a vedere "Un'allegra gita in montagna."
C Dice per per lui (lei) non importa. e chiede informazioni sui due film.
A Dice che non conosce "Un'allegra gita in montagna."
B Dice che è un film comico.
A Chiede di che cosa parla.
B Risponde che è la storia di un gruppo di amici che vanno in gita in montagna e che hanno un sacco di disavventure.
A Dice che preferisce "Omicidio a Palermo". Secondo lui i film gialli sono più interessanti dei film comici.
C Dice che è d'accordo.
A Propone di vedersi il venerdì alle 17 e di decidere dopo insieme.
B Dice che va bene ma che vuole assolutamente vedere "Un'allegra gita in montagna."
C Dice che sono due contro uno e che vince la maggioranza.

TRA DUE GIORNI INIZIERÀ IL FESTIVAL DEL CINEMA

COMUNICHIAMO

Parlare di azioni future

Domani Dopodomani	guard**erò** un film gio**che**rai a tennis? mang**erà** una pizza
Tra / fra una settimana un mese cinque anni	prenderai la nave o l'aereo per andare in Sardegna? finirà la scuola farò il medico
Sabato prossimo	andrò al cinema in serata vedrò l'ultimo film di Moretti potrò finalmente riposarmi
Il mese prossimo L'anno prossimo	rimarrò a casa verrò a casa tua sarò in vacanza avrò 16 anni
Nel 2017 Nel 2050	**ci sarà** una nuova autostrada in questa regione **ci saranno** delle invenzioni che cambieranno tutto

"Fra due giorni inizierà il festival del cinema e uscirà finalmente l'ultimo film di fantascienza di Spielberg." / "Ci vediamo sabato alle 16 a piazza Navona e decideremo cosa andremo a vedere." / "Io, purtroppo, non potrò venire con voi. Sabato andrò a Perugia per vedere Chiara, una mia amica di Firenze."

1. Metti insieme gli elementi delle 4 colonne come nell'esempio:

Paolo	studierai	una festa	in campagna
Io	**comprerà**	il treno	con i tuoi compagni
Tu	dormirò	**un regalo**	alla stazione centrale
Anna	prenderà	in tenda	per il tuo compleanno
	farai	per l'esame	in campeggio
	mi riposerò	questo fine settimana	**a sua madre**

2. Intervista un(a) tuo(a) compagno(a) per sapere cosa farà:

Fra 10 minuti / all'uscita dalla scuola / dopodomani / il prossimo fine settimana / le prossime vacanze / lunedì prossimo / fra un mese.

es. "Cosa farai domani?" "Uscirò con i miei amici."

tornare a casa / cenare con la mia famiglia / riposarmi / giocare a… / fare sport / guardare la tv / studiare / vedere gli amici / leggere / navigare su internet…

3. Immaginiamo. Secondo te, come sarà la tua vita fra 5 anni? Tra 10 anni? Tra 50 anni?

Sarò / studierò / farò / lavorerò / mi sposerò con / giocherò / avrò / viaggerò…

Esprimere accordo	
Vado spesso al cinema.	Anch' io.
Mi piace la musica rap.	Anche a me.
Non sopporto i film dell'orrore.	Neanch'io.
Non mi piacciono le canzoni sentimentali.	Neanche a me.

"Ancora un film di fantascienza! Io non li sopporto!"
"Neanch'io!" / "Anch'io lo voglio vedere."

4. Esprimi accordo come nell'esempio:

es. Ogni giorno prendo l'autobus > Anch'io.

1. Mi alzo sempre presto.
2. Non sopporto la matematica.
3. Mi piacciono gli sport di gruppo.
4. Odio il lunedì mattina.
5. Mi piace il fine settimana.
6. Non mi piacciono i film dell'orrore.
7. Non prendo mai l'autobus.
8. Vado spesso in bicicletta.
9. Conosco quasi tutti i film di Fellini.
10. Non capisco bene i film di Antonioni.

Esprimere disaccordo	
Vado spesso al cinema.	Io (invece) no.
Mi piace la musica rap.	A me (invece) no.
Non sopporto i film di guerra.	Io (invece) sì.
Non mi piacciono le canzoni sentimentali.	A me invece sì.

"Io invece no, preferisco i film americani."

5. Esprimi disaccordo come nell'esempio:

es. Il martedì vado sempre in palestra > Io (invece) no.

1. Leggo raramente il giornale della mia città.
2. Non guardo mai la tv il sabato.
3. Mi piace andare a scuola.
4. Mi piacciono i fumetti.
5. Non ho la bicicletta.
6. Non mi piace il tennis.
7. Non andiamo mai a teatro.
8. Gioco spesso a calcio.
9. Imparo la lezione di storia all'ultimo momento.
10. Aiuto mio fratello a fare i compiti.

6. Rileggi le frasi delle attività precedenti e rispondi personalmente esprimendo accordo o disaccordo, come negli esempi:

*es. Mangio spesso la pasta > Anch'io / Io (invece) no.
Mi piacciono i film comici > Anche a me / A me (invece) no.*

*Non bevo mai coca cola > Neanch'io / Io (invece) sì.
Non mi piace il pesce > Neanche a me / A me (invece) sì.*

Trovare una soluzione di compromesso in caso di disaccordo	
Perché non andiamo a teatro per una volta?	Per questa volta facciamo come dici tu ma la prossima volta deciderò io.
No, dai! Andiamo allo stadio!	Va bene, hai vinto tu.
Allora, cosa visitiamo, lo zoo o il museo?	Perché non tiriamo a sorte?
No! Per favore! Non ho voglia di assistere alla conferenza di storia!	Non facciamo mai le cose che piacciono a me! Non è giusto!
Io e Milena vogliamo andare allo spettacolo di danza moderna!	Siamo tre contro due, la maggioranza vince. Andiamo al concerto di rock!

"No, per favore! Ancora un film di fantascienza! Io non li sopporto!" / "Perché non andiamo a vedere un bel film italiano per una volta?"

7. Completa:

Anna, Silvano e Luca parlano di cosa faranno il fine settimana:

Anna: Perché .... a vedere l'ultimo film di Tornatore?

Silvano: No! .... a teatro!
Non .... le cose che .... a me! Non è ....

Luca: Anch'io voglio andare al cinema! Mi dispiace, siamo .... uno, la maggioranza ....

8. Con un(a) compagno(a), immaginate queste situazioni:

1. A vuole andare al cinema. B non è d'accordo.
2. A e B non sanno se andare a una conferenza o al museo.
3. A vuole andare a un concerto, B non è d'accordo ma accetta.

Paragonare

I film d'azione sono **più / meno** interessanti **dei** film romantici.
Matteo è **più / meno** alto **di** me.

Carla ha **più / meno** vestiti **di** Arianna.

Lucia è **(tanto)** simpatica **quanto** suo fratello.

Andare in bicicletta è **più / meno** divertente **che** andare sui rollers.
Andare in moto è **(tanto)** divertente **quanto** andare in bicicletta.

Claudia è **più / meno** studiosa **che** intelligente.
Cecilia è **(tanto)** gentile **quanto** bella.

Francesco ha **più / meno** libri **che** dischi.
Marco ha **tante** penne **quante** matite.

"Generalmente sono più spettacolari dei film italiani: c'è più azione, e ci sono degli effetti speciali impressionanti." / "Questa ragazza fiorentina è più importante di noi, allora!"

9. Forma delle frasi secondo i tuoi gusti come nell'esempio:

es: il tennis / il calcio (divertente) > Secondo me il tennis è più divertente del calcio / Secondo me il tennis è meno divertente del calcio

1. la pasta / la pizza (buona)
2. i film d'avventura / i film comici (interessanti)
3. la musica rap / la musica classica (noiosa)
4. la matematica / il francese (difficile)
5. la Ferrari / la Porsche (bella)
6. il (la) mio(a) compagno(a) / me (dinamico/a)

10. Conosci l'Italia? Per ogni frase scegli gli elementi giusti. Se hai scelto le soluzioni corrette l'insieme delle lettere tra parentesi darà il nome di un famoso film italiano e le iniziali del suo regista:

Roma ha più / meno abitanti di / del Milano > Roma ha più abitanti di Milano.

1. L'Italia è più(R) / meno(L) estesa di(I) / della(A) Francia.
2. Il Monte Cervino è più(F) / meno(D) alto di(U) / del(O) Monte Bianco.
3. Di solito Palermo è più(S) / meno(L) fredda di(C) / della (P) Bolzano.
4. Il fiume Po è più(E) / meno(A) lungo di(G) /del(V) fiume Tevere.
5. Napoli è più(I) / meno(E) popolata di (T) / della (C) Firenze.
6. Il lago di Como è più(A) / meno(B) piccolo di(SS) /del(FF) Lago di Garda.

Soluzione: ....

INTERMEZZO

 11. Ascolta il testo.

Indica chi sono, tra questi, i registi e gli attori citati.
Poi abbina i nomi ai film.

Nanni Moretti / Roberto Benigni / Gabriele Muccino
/ Sergio Castellitto / Giuseppe Tornatore / Stefano
Accorsi / Monica Bellucci / Francesca Comencini /
Gabriele Salvatores

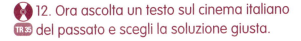

L'ultimo bacio	La stanza del figlio
La tigre e la neve	Nuovo cinema Paradiso
Mediterraneo	Io non ho paura
La vita è bella	Pinocchio

12. Ora ascolta un testo sul cinema italiano del passato e scegli la soluzione giusta.

Uno dei periodi più rilevanti del cinema italiano è
il Neorealismo. Questa corrente **cinematografica /
teatrale** comincia subito dopo la **Prima / Seconda**
Guerra Mondiale. Si chiama così perché i **registi
/ attori** dell'epoca danno un'immagine realistica
della situazione dell'Italia **prima / dopo** la guerra.
Abbiamo *Roma città aperta* e *Paisà* di Roberto
Rossellini, *Sciuscià*, *Ladri di biciclette*, *Umberto
D* di Vittorio De Sica, *Riso amaro* di Giuseppe
de Santis.
Più tardi, altri registi **italiani / francesi** molto
famosi sono stati Luchino Visconti (*Ossessione,
Il Gattopardo, Rocco e i suoi fratelli, Senso*),
Federico Fellini con *I vitelloni, Amarcord, La
strada, Otto e mezzo...*, Michelangelo Antonioni,
Bernardo Bertolucci, e tanti altri.
Anche molti attori e attrici italiani del **presente /
passato** sono celebri in tutto il mondo: Totò, Sofia
Loren, Claudia Cardinale, Marcello Mastroianni,
Vittorio Gassman, Nino Manfredi.

LO SAI CHE...?

Cinecittà si trova a nove chilometri dal centro di
Roma. L'inaugurazione degli studi avviene nel 1937
alla presenza di Benito Mussolini. La superficie è di
600.000 mq (ci sono 16 teatri, 40.000 mq di strade e
piazze, 35.000 mq di giardini). Nel 1943, in soli sei anni
di attività degli studi, sono realizzati circa 300 film.
Registi come Alessandro Blasetti, Roberto Rossellini,
Vittorio De Sica, Luchino Visconti con le loro opere
cinematografiche hanno dato vita al mito di Cinecittà,
consolidato in tutto il mondo dall'arte di Federico
Fellini. Negli anni Cinquanta, con l'arrivo dei cineasti
americani, Cinecittà diventa la Hollywood sul Tevere e
le sue potenzialità vengono utilizzate per la costruzione
di grandi set come quelli di "Quo vadis?" (1949), di
«Ben Hur» (1958) e altri peplum e film mitologici.

Ben Hur

13. Ecco l'inizio della trama del film Pane e Tulipani.

Rosalba è una casalinga di Pescara in gita con il
marito e due figli adolescenti con una comitiva del
suo paese. Durante una sosta in autostrada si attarda
nelle toilette. Il marito e i figli non se ne rendono
conto e il pullman riparte senza di lei. Dopo un primo
momento di paura la donna decide di fare l'autostop
e si ritrova a Venezia, dove non è mai stata. ...

**Cosa succederà? Completa la storia come vuoi tu.
Se vuoi, puoi usare queste parole:**

cambiare vita / amicizia / investigatore privato / fioraio
/ tornare / restare / amore / marito / dare ospitalità /
fare una vacanza /

14. Ecco il seguito del film. Rimetti i pezzi nell'ordine giusto:

A. Ma Mimmo, il marito abbandonato non sopporterà la lunga assenza di Rosalba e assumerà un investigatore privato per ritrovarla.

B. Nella città lagunare la donna, rimasta presto senza denaro, chiederà ospitalità a Fernando, un cameriere islandese di un piccolo ristorante di periferia, che parla però un italiano colto e letterario. Rosalba diventerà amica anche di Grazia, una vicina di casa di Fernando.

C. Rosalba tornerà a Pescara e scoprirà un mondo per nulla modificato dalla sua assenza, desideroso solo di riprendere la routine interrotta. E allora dovrà decidere; restare o partire?

D. Dopo aver trovato casa Rosalba troverà anche un lavoro presso un piccolo negozio di fiori gestito da Fermo, un anziano anarchico bisbetico che imparerà ad apprezzare i modi discreti della donna.

E. La vita di Rosalba, lontana da casa, ritroverà una dimensione nuova e la donna riscoprirà interessi, spazi, rapporti che sembrava aver dimenticato.

1___ 2___ 3___ 4___ 5___.

15. Leggi questo articolo sul mondo nel 2050.

Come sarà il futuro? Come sarà il mondo? Quali innovazioni ci saranno nei prossimi decenni? Come evolveranno le tecnologie? Come cambierà il nostro modo di vivere? Come sarà il 2050?
Ecco di seguito alcune ipotesi di possibili eventi con una stima (soggettiva dei nostri lettori) delle probabilità che accadano davvero! E tu cosa ne pensi?
Quale possibilità ti sembra verosimile? quale previsione è assurda? quale progresso ti sembra indispensabile? quale è, secondo te, più utile? quale evoluzione sarebbe pericolosa?

1. La principale fonte energetica mondiale sarà l'energia solare (55%).
2. La televisione diventerà tridimensionale (80%) e si potranno sentire gli odori.
3. Ci sarà una base permanente sulla luna (62%).
4. Ci saranno voli interplanetari commerciali (<1%)
5. Ci sarà un vero e proprio Parlamento Mondiale eletto democraticamente (40%)
6. Non ci saranno più guerre (30%)
7. L'aspettativa di vita media sarà oltre i 100 anni (80%)
8. Ci sarà una unica valuta mondiale (10%)
9. La fame nel mondo non esisterà più (20%)
10. Da McDonald's sarà possibile mangiare spaghetti al pomodoro (25%)
11. Il teletrasporto diventa una realtà (<1%)
12. Nei pagamenti non si useranno più i contanti, che verranno ritirati dalla circolazione (32%)
13. Nelle case saranno diffusi i robot domestici (68%)
14. Sarà possibile far ricrescere i denti agli adulti (57%)
15. Sarà possibile viaggiare ad una velocità maggiore della luce (quasi 0%)

Da www.saccente.it

16. In gruppo con due compagni scrivete tre frasi su come cambierà la vita nel futuro.

(Il lavoro / i trasporti / la famiglia / le vacanze / la scuola...). I compagni diranno se sono d'accordo con le vostre ipotesi.

17. Pensa a un film che ti è piaciuto. Di che genere è?

comico / d'avventura / d'amore / di fantascienza
/ western / d'orrore / d'animazione / poliziesco /
commedia musicale

18. Con un(a) compagno(a). Scegliete un film famoso e raccontate la trama ai compagni. Gli altri devono indovinare di che film si tratta. Potete chiedere aiuto al vostro insegnante!

 19. Ascolta la trama del film Caterina va in città di Paolo Virzì e rispondi alle domande:
TR 36

1. Dove va ad abitare la famiglia di Caterina?
2. Cosa fanno i suoi genitori?
3. Quanti anni ha Caterina?
4. Di chi diventa amica?

E tu?
Ti è mai successo di trovarti in un ambiente nuovo (città, scuola...) dove non conoscevi nessuno?
Come fai per conoscere nuovi amici?
Cos'è per te un vero amico / una vera amica?
Ti è mai successo di essere deluso o triste a causa di un amico o un'amica?
Ti pare indispensabile avere degli amici? Perché?
Preferisci avere amici o amiche? Perché?
Come e dove hai conosciuto i tuoi amici?
Cosa fate insieme?
Di che cosa parlate?
Su quali argomenti siete quasi sempre d'accordo?
In quali occasioni e per quali motivi bisticciate?
I tuoi genitori conoscono i tuoi amici?
Vedi sempre gli stessi amici o preferisci cambiare?
Studiate insieme?

 20. Leggi questo testo.
TR 37

La scuola lancia il primo sbadiglio[1] della giornata: metto la Smemo[2] e la Bic[3] nello zaino e mi avvio verso l'entrata.
Mi siedo dove capita: non ho un compagno fisso, non mi piace legarmi.
Per questo ho poche amicizie, poche ma vere, di quelle che ti puoi fidare.
Carolina al primo posto.
Ci conosciamo da otto anni e se le racconto un segreto so che la sua lingua starà ferma e buona dentro al palato[4].
Ha un anno più di me e studia psicologia alla Sapienza[5], lei vuole salvare la testa alla gente, io penso che ognuno si salva da sé.
Le persone si stropicciano gli occhi[6] quando ci vedono insieme perché Carolina e io siamo diverse in tutto, dalla marca delle scarpe al balsamo[7] dei capelli.
Perché io ho i piedi di piombo[8] e lei no.
Perché lei è coraggiosa e io no.

Da G. Carcasi, *Ma le stelle quante sono?*, Feltrinelli, 2005

1. sbadigliare: aprire la bocca per noia, fame o sonno
2. la Smemo: un diario che ha molto successo in Italia
3. la Bic: una penna a sfera, la biro
4. il palato: è la parte interna della bocca
5. Sapienza: la principale università di Roma
6. stropicciarsi gli occhi: Si dice quando uno è molto sorpreso: si stropiccia gli occhi per controllare che non sogna.
7. il balsamo: prodotto per i capelli che si mette dopo lo shampoo
8. avere i piedi di piombo: si dice che uno ha "i piedi di piombo" quando è piuttosto prudente

LA LINGUA ITALIANA

1. IL FUTURO
Gr p. 183

"Fra due giorni **inizierà** il festival del cinema e **uscirà** finalmente l'ultimo film di fantascienza di Spielberg." / "Ci vediamo sabato alle 16 a piazza Navona e **decideremo** cosa **andremo** a vedere." / "Io, purtroppo, non **potrò** venire con voi. Sabato **andrò** a Perugia per vedere Chiara, una mia amica di Firenze."

A I VERBI REGOLARI

1. Completa con il futuro.

1. Domani Mario e Luca (*uscire*) .... con i loro amici.
2. Tra poco Carla (*telefonare*) .... a Lucia.
3. Voi cosa (*prendere*) .... per andare al cinema stasera?
4. A che ora (*finire*) .... il film?
5. "Cosa (*voi - fare*) .... domani?"
6. "(*noi - stare*) .... a casa e (*guardare*) .... la tv."
7. Sono sicuro che Paolo (*preferire*) .... andare allo stadio.
8. "Quando mi (*tu, restituire*) .... il vocabolario?"
9. "Te lo (*dare*) .... domani mattina."

B I VERBI IN -CIARE / -GIARE E IN -CARE / -GARE

2. Come il precedente.

1. A che ora (*cominciare*) .... le lezioni d'italiano?
2. (*Tu - giocare*) .... con me a tennis, sabato prossimo?
3. Ho dimenticato i soldi a casa ma per fortuna Anna (*pagare*) .... per me!
4. Dopodomani è il compleanno di mia nonna e (*noi - mangiare*) .... al ristorante.
5. Non (*noi - dimenticare*) .... mai quello che hai fatto per noi!
6. Mario non (*lasciare*) .... mai la sua ragazza.
7. L'insegnante (*spiegare*) .... il passato prossimo domani.
8. Io (*cercare*) .... un lavoro dopo l'università.
9. Il tecnico (*collegare*) .... il mio computer alla tv.
10. Nel film che vedremo gli alieni (*attaccare*) .... la terra.

C I VERBI IRREGOLARI

3. Come il precedente.

1. (*venire*) .... con noi in montagna?
2. Quando (*tu - andare*) .... da Paolo?
3. (*Noi - potere*) .... uscire quando (*essere*) .... pronti.
4. Oggi non mi sento bene, (*rimanere*) .... a casa.
5. Stasera (*esserci*) .... un film italiano in tv. Lo (*tu - vedere*) ....?
6. Cosa (*voi - bere*) .... a Capodanno? spumante italiano o champagne francese?
7. Io (*proporre*) .... ai miei cugini di fare la gita con me ma credo che non (*volere*) .... venire.

4. Trasforma le frasi dal presente al futuro.

*es. Quest'anno studio inglese > Anche l'anno prossimo **studierò** una lingua straniera.*

1. Questo fine settimana esco con degli amici > Anche il prossimo fine settimana…
2. Stasera Mauro paga il biglietto del cinema a tutti > Anche domani sera…
3. Alle 16 prendo l'autobus > Anche domani mattina…
4. Quest'estate mia madre lavora in una trattoria > Anche l'estate prossima…
5. Quest'anno Paolo va in Italia > Anche l'anno prossimo…

5. Trasforma le frasi dall'imperfetto al futuro.

*es. La settimana scorsa avevamo molti compiti > Anche la settimana prossima **avremo** molti compiti*

1. Ieri pioveva. Secondo le previsioni meteorologiche, anche domani…
2. Due giorni fa faceva bel tempo. Credo che anche domenica…
3. L'anno scorso giocavo a tennis ogni sabato. Anche l'anno prossimo…
4. Due anni fa lavorava in un bar. Ma fra qualche mese… in un ufficio.
5. L'estate scorsa guidava il motorino. Ma da domani… una moto più potente.

6. Ora trasforma le frasi dal passato prossimo al futuro.

es. Ieri non mi sentivo bene e sono rimasto a casa >
Se non mi **sentirò** bene anche domani **rimarrò** a casa.

1. L'altroieri sono andato a trovare mia nonna.
   E di nuovo, fra qualche giorno ....
2. L'estate scorsa ho lavorato in un campeggio.
   Anche l'estate prossima…
3. Ieri abbiamo fatto un compito in classe di francese
   e la settimana prossima… un compito in classe di
   matematica.
4. Domenica scorsa abbiamo mangiato a casa vostra.
   Invece domenica prossima… in trattoria.
5. Il fine settimana scorso sono andata in campagna.
   Invece il fine settimana prossimo…a casa dei miei
   nonni.

2. I COMPARATIVI Gr p. 177

"Generalmente sono **più** spettacolari **dei** film
italiani: c'è **più** azione, e ci sono degli effetti speciali
impressionanti." / "Questa ragazza fiorentina è **più**
importante **di** noi, allora!"

 7. Fai dei paragoni, seguendo il modello:

es. Carlo / alto / me > Carlo è **più** / **meno** alto **di** me

1. Chiara / simpatica / Simona
2. Mia madre / severa / mio padre
3. I film d'amore / divertenti / i film d'azione
4. I miei amici / grandi / me
5. La pallavolo / difficile / calcio
6. Le lasagne / buone / gli spaghetti
7. Agosto / caldo / aprile
8. Tuo fratello / sportivo / te
9. I documentari / noiosi / i telefilm
10. I cani / fedeli / i gatti

 8. Completa con DI o CHE come negli esempi:

es. La pasta è più buona **del** riso.
Giocare a carte è più divertente **che** navigare su
Internet.
Mia sorella è più simpatica **che** bella.

1. Mio fratello è più alto .... me.
2. Leggere è più utile .... guardare la tv.
3. Roberta è più noiosa .... seria.
4. Anna ha più figli .... Francesca.

5. Per le vacanze la montagna è meno divertente
   .... città.
6. I film comici sono meno interessanti .... film
   d'avventura.
7. Stefano ha più libri .... sua sorella.
8. Stefano ha più fumetti .... libri.
9. Passeggiare è meno faticoso .... nuotare.
10. Barbara ha meno amici .... te.

 9. Forma delle frasi con i seguenti elementi.

es. Fabrizio è / simpatico / Carlo > Fabrizio è più
simpatico di Carlo, Fabrizio è meno simpatico di
Carlo, Fabrizio è (tanto) simpatico quanto Carlo

1. Andare in macchina è / divertente / andare
   in moto
2. Laura è / simpatica / bella
3. Daniele diventerà / alto / il suo papà
4. Stefano legge / libri / giornali
5. I miei fratelli hanno / amici / me
6. Il tuo insegnante scrive / lettere / email
7. Anna ha / compiti / la sua amica Caterina
8. Io guarderò / telefilm / te
9. Questo film è / divertente / intelligente
10. Giocare su Internet / noioso / fare sport

3. BELLO, QUELLO Gr p. 176

"Perché non andiamo a vedere un **bel** film italiano
per una volta?" "**Bell'**amico che sei!"

 10. Completa le frasi con **bello** o **quello** alla
forma corretta (**bel, bell', bello, bella, bei, begli,
belle, quel, quell', quello, quella, quei, quegli,
quelle**).

1. Come si chiama .... ragazzo vicino a Carlo?
2. Che .... libro!
3. Questa .... bambina è mia sorella.
4. .... amici di Giorgio sono proprio antipatici.
5. Durante le vacanze visiterò dei .... musei a
   Roma.
6. .... ragazze non le sopporto! Sono odiose.
7. In Italia ci sono dei .... stadi.
8. Ho una .... idea: perché non andiamo a
   vedere un .... film comico, stasera?
9. Ieri ho comprato due .... dischi di musica
   italiana.
10. .... ragazzi alla fermata dell'autobus sono
    americani.

San Valentino

Fontana Maggiore

Unità 6

Ciao ragazzi!

Perugia

Arco Etrusco - Perugia

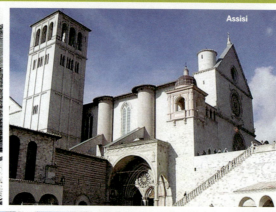

Assisi

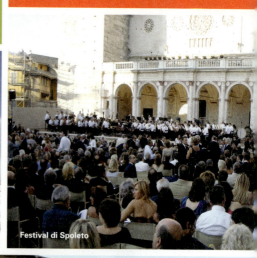

Festival di Spoleto

La Cattedrale di Orvieto

Fontana Maggiore - Perugia

Umbria

I Ceri di Gubbio

Esprimo sentimenti (affetto, amicizia, amore)
e desideri.
Dò e chiedo informazioni stradali e visito
una città.
Faccio una proposta.
Parlo delle feste in Italia e nel mio paese.

Il condizionale
L'imperativo regolare (tu, Lei, voi)
Il superlativo relativo
Forme dell'aggettivo *buono*
Ci vuole / ci vogliono

Il Perugino

Quali sono le tue feste preferite? Perché?
Con chi preferisci passare il tuo compleanno? Perché?

Bacio Perugina

Babbo Natale

ci vuole – it takes

OGGI È SAN VALENTINO

 Chiara è a Perugia con i genitori per il fine settimana. Francesco la raggiunge per passare qualche ora insieme. Tra Roma e Perugia ci sono meno di 200 chilometri e quindi ci vogliono solo due ore e mezzo in treno. I due ragazzi si sono dati appuntamento alla fontana Maggiore davanti al Duomo, e ora sono insieme.

Francesco	Allora, cosa hai voglia di fare?
Chiara	Mi piacerebbe andare fino all'Università per stranieri. Ne ho sentito parlare da amici francesi che hanno seguito i corsi estivi. E tu, cosa vorresti fare?
5 Francesco	Come vuoi tu. La cosa più importante è stare con te.
Chiara	Per cominciare ti faccio conoscere la migliore gelateria di Perugia. È là in fondo a destra. Ti andrebbe un buon gelato?
10 Francesco	Va bene! Io vado pazzo per i gelati, anche d'inverno. Andiamo!
Gelataio	Dite ragazzi. Che gusti (flavours) volete?
15 Francesco	Non saprei… mi sembrano tutti buonissimi!
Gelataio	Oggi è San Valentino. Prendete "bacio"!
Chiara	Allora per me bacio e stracciatella.
Francesco	Bacio anche per me e … fragola. (strawberry)
20 Francesco	Come facciamo per arrivare al palazzo Gallenga?
Chiara	So che non è lontano ma non saprei come arrivarci. Sarebbe meglio chiedere.
Francesco	Scusi, per andare all'Università per

25	stranieri?
Un signore	È vicino: prendete a sinistra la stradina che scende. Continuate sempre dritto, passate sotto l'arco etrusco e arrivate proprio davanti al palazzo Gallenga. Ci vuole al massimo un quarto d'ora.
30 Chiara	È bello rivedersi dopo il tuo soggiorno a Firenze.
Francesco	Anche per me. La vacanza a Firenze è stata la più bella della mia vita.
Chiara	Esagerato! Se ti è piaciuta tanto, potresti tornare a trovarmi!
35 Francesco	È vero, ma anche tu dovrai venire da me a Roma. Ah! Quasi dimenticavo: ti ho comprato qualcosa qui a Perugia
40 Chiara	Ah, i baci perugina! "Tra l'amicizia e l'amore c'è la distanza di un bacio."
Francesco	Come, scusa?
Chiara	È scritto nel messaggio del mio cioccolatino.
45 Francesco	Nel mio c'è scritto: "Ogni grande amore comincia con un bacio!"

Ti va / andrebbe un buon gelato?	È vicino / non è lontano.
Che ne diresti di un buon gelato?	In fondo a destra.
Io vado pazzo(a) per i gelati.	Ci vogliono solo due ore e mezzo.
Mi piacerebbe andare fino a…	Ci vuole al massimo un quarto d'ora.
Scusi, per andare a….	

Palazzo Gallenga

gelato al bacio: a base di cioccolato e nocciola (come i baci perugina)
gelato alla stracciatella: crema con pezzi di cioccolato

 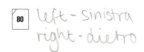
left – sinistra
right – dietro

OGGI È SAN VALENTINO

"Tra l'amicizia e l'amore c'è la distanza di un bacio"

"Ogni grande amore comincia con un bacio"

1. Dove si incontrano Chiara e Francesco?
2. Perché Chiara e Francesco sono a Perugia?
3. Dove vuole andare Chiara e perché?
4. È d'accordo Francesco?
5. Che cosa propone Chiara a Francesco all'inizio della passeggiata?
6. Che gusto consiglia il gelataio e perché?
7. Quale informazione chiedono i due ragazzi al signore che incontrano?
8. Cosa devono fare per arrivare a palazzo Gallenga?
9. Quanto tempo ci vuole?
10. Come si capisce che Chiara e Francesco sono felici di rivedersi?
11. Che cosa propone la ragazza a Francesco?
12. Come mai Francesco e Chiara parlano di Firenze?
13. Cosa regala Francesco a Chiara?
14. Cosa c'è scritto sui messaggi dei baci perugina?

1. Hai già fatto un viaggio da solo? Quando e dove?
2. Qualche amico(a) che abita in un'altra città è mai venuto(a) trovarti? In quale occasione?
3. E tu, sei andato(a) a trovare un amico o un'amica? Dove? Quando? e con chi?
4. Con quale mezzo sei andato(a)? (In treno, in pullman, in aereo...?)
5. Per quanto tempo sei restato fuori casa? Quanto tempo è durato questo viaggio?
6. Ti piacciono i gelati? Quando ne mangi?
7. Nel tuo paese si festeggia S. Valentino? Come (rose, regali, bigliettini...)?

Con due compagni(e). Create una scenetta e recitatela seguendo le indicazioni.

Un ragazzo è a Perugia, in piazza S. Francesco e chiede informazioni per andare alla Fontana Maggiore, in piazza IV Novembre.

A Chiede dov'è piazza IV Novembre.
B Dice che è un po' complicato.
A Chiede se c'è un autobus che va a piazza IV Novembre.
B Risponde di no.
C Dice che non è lontano. Deve passare davanti alla Porta Trasimena e prendere la via dei Priori fino a corso Vannucci.
B Aggiunge che quando arriva a corso Vannucci deve girare a sinistra.
C Dice che vedrà la fontana.
A Chiede se è lontano.
B Risponde che ci vogliono dieci minuti al massimo.
A Ringrazia e saluta.

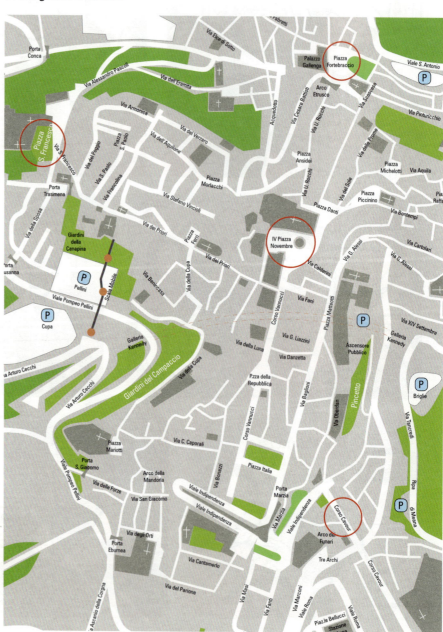

COMUNICHIAMO

Dare e chiedere informazioni stradali		
TU	Scusa, per andare al Duomo?	Continua sempre dritto e prendi la prima traversa a destra.
	Senti, per favore, c'è una farmacia, da queste parti?	over there Sì, è laggiù, vicino alla chiesa.
LEI	Scusi, dov' è la gelateria Nettuno?	Prenda questa via e al semaforo giri a sinistra. La gelateria è dopo la piazza.
VOI	Scusate, sapete dov'è il Municipio?	No, ci dispiace, non siamo di qui.

"È là in fondo a destra" / "Scusi, per andare all'Università per Stranieri?" " È vicino: prendete a sinistra la stradina che scende. Continuate sempre dritto, passate sotto l'arco etrusco e arrivate proprio davanti al palazzo Gallenga".

1. Con un(a) compagno(a). Guardate la cartina e scambiatevi le informazioni stradali.

Siete in corso Cavour.

1. A vuole andare a piazza Fortebraccio e chiede informazioni a B.
2. B vuole andare a piazza San Francesco e chiede informazioni a A.

2. Rispondi:

Dove si trova il Municipio della tua città?
Quando si esce dalla scuola, dov'è la fermata dell'autobus più vicina?
E la biblioteca comunale?
Quante piscine ci sono? Qual è la più grande e dove si trova?
Quanti cinema ci sono in questa città e quale preferisci?

3. Spiega al tuo (alla tua) insegnante come si arriva da casa tua a scuola (usa la forma di cortesia), a piedi o in autobus.

Indicare il tempo necessario per fare qualcosa	
Quanto tempo ci vuole per andare alla stazione?	**Ci vuole** circa un'ora a piedi / **Ci vogliono** 10 minuti in macchina

"Ci vogliono solo due ore e mezzo in treno" / "Ci vuole al massimo un quarto d'ora"

4. Con un(a) compagno(a). Siete nella vostra scuola, fate domande e risposte su quanto tempo ci vuole per andare in altri posti.

es. "Quanto tempo ci vuole per andare a casa tua?"
"A piedi ci vuole un quarto d'ora, in autobus ci vogliono 5 minuti."

Esprimere un desiderio o un sogno
Mi piacerebbe visitare Siena quest'estate. Ci piacerebbe fare il giro del mondo. around the world Vorrei conoscere meglio la Toscana. Vorreste diventare famosi? Sarebbe bello andare insieme in Italia

"Mi piacerebbe andare fino all'università per stranieri" / "Cosa vorresti fare?"

5. A turno, con un(a) compagno(a). Pensa a un desiderio per le prossime vacanze. Il tuo compagno deve fare delle ipotesi per indovinare cosa vorresti fare. Puoi solo rispondere « sì » o « no ».

es. "Ti piacerebbe andare al mare" "Sì."
"Nel tuo paese?" ...

6. Immagina di:

vincere un milione di euro alla lotteria / essere il Presidente della Repubblica del tuo paese per un giorno / vivere su un'isola deserta / essere un(a) cantante famoso(a) / scoprire che puoi volare / diventare invisibile / ...

Che cosa faresti?

Fare una proposta e rispondere	
Che ne diresti di andare in piscina sabato?	Veramente non posso, dovrei studiare ma...
Vi andrebbe di venire a casa mia? / Vi va di venire a casa mia?	Volentieri!
Potremmo mangiare in pizzeria, che ne dite? what do you think	Va bene, ma non vorremmo spendere troppo.
Ti piacerebbe andare al cinema una di queste sere?	Non saprei, dipende dal film.

"Ti andrebbe un buon gelato ?"

7. A turno, con un(a) compagno(a). Fatevi delle proposte per il prossimo fine settimana e rispondete, spiegando anche le ragioni della vostra risposta.

es. "Che ne diresti di andare al cinema domenica?"
"Veramente non posso, devo andare dalla nonna con i miei."

INTERMEZZO

In ogni menù di Capodanno non può mancare il tipico piatto di lenticchie. Questo perchè secondo la tradizione popolare le lenticchie sono considerate portatrici di fortuna e di ricchezza (ogni lenticchia corrisponderebbe a una moneta). Chi non mangia lenticchie a Capodanno resta povero.

8. Guarda l'elenco delle feste più importanti in Italia. Abbina le due colonne.

Festa della mamma	Il primo gennaio
Festa del papà	Il 6 gennaio
La festa della Repubblica	Il 14 febbraio
Capodanno	Il 19 marzo
La liberazione	Il 25 aprile
Natale e Santo Stefano	Il 2 giugno
Pasqua e Pasquetta	Il 15 agosto
Epifania	Il 25 e il 26 dicembre
Ferragosto	In maggio
San Valentino (la festa degli innamorati)	In marzo o aprile

San Valentino è un giorno **feriale**, cioè la gente lavora.
Ferragosto invece è **festivo**, cioè la gente non lavora.

Conosci altre feste italiane? Quali? Quando sono le principali feste del tuo paese? Corrispondono a quelle italiane? Quali altre feste ci sono nel tuo paese?

10. In quali occasioni dici queste espressioni?

Buon compleanno!

Buon Natale!

Buone feste!

Buona Pasqua!

Auguri!

Buon anno!

Buon onomastico!

9. Guarda queste foto: quando si mangiano questi prodotti?

E tu?
Quali sono le date più importanti per te? Perché?
Che giorni festeggi con la tua famiglia? Cosa fate?
A casa tua si festeggiano i compleanni?
Gli onomastici? Natale? Capodanno?
Come festeggiate?

San Valentino, il vescovo degli innamorati, è nato a Terni, in Umbria, nel 175 dopo Cristo.
È famoso soprattutto perché, secondo la tradizione, protegge gli innamorati.

Panettone

Caramelle

Carbone di zucchero

Esprimere affetto:

Ti voglio bene

TVTB

Ti penso

Ti amo

Mi piaci (un sacco)

Sei la mia migliore amica

Mi manchi

Sei il migliore papà del mondo

Lenticchie

Uovo di cioccolato

11. Leggi alcuni biglietti che puoi trovare nei Baci Perugina. Sei d'accordo con le seguenti affermazioni?

Chi ama non teme la tempesta, teme solo che l'amore si spenga. (Anonimo)

Il bacio è come la musica, il solo linguaggio universale. (Anonimo)

Meglio un amore senza successo che un successo senza amore. (Anonimo)

La parola esagerazione non esiste nel vocabolario dell'amore (L. De Crescenzo)

Non si desidera ciò che è facile ottenere. (Ovidio)

In amore un silenzio vale più di un lungo discorso (Anonimo)

Se vuoi trovare altre frasi d'amore, puoi guardare sul sito www.amando.it/frasi-baci.htm

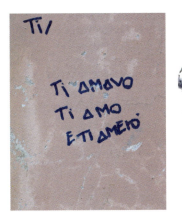

12. In che occasioni Michela ha scritto questi bigliettini?

Cara Isabella,
Troverai il tuo regalo sotto l'albero. Spero che ti piacerà e che potrai usarlo tra qualche giorno, a Capodanno!
TVB
La tua sorellina

Cara mamma,
scusami se qualche volta ti faccio arrabbiare ma lo sai che ti voglio un mondo di bene

♥ Michela

Davide,
oggi è la festa degli innamorati e voglio dirti che da quando ti ho incontrato la mia vita è cambiata. Torna presto!
Mi manchi tanto…
Ti amo
Michela

Grazie per l'enorme uovo. La sorpresa era un bel braccialetto.
Un bacione Michela

Cara Claudia,
tanti auguri per i tuoi 16 anni! Ci vediamo sabato alla tua festa.
un bacio dalla tua migliore amica
Michela
PS Come regalo, ti prometto che porterò alla festa mio cugino Dario (lo so che ti piace un sacco e, secondo me, anche tu gli piaci…)

Ciao papino, ci aspettavamo il carbone: non siamo state molto brave negli ultimi tempi! Invece abbiamo mangiato chili di caramelle. Le calze sono bellissime. Isabella e Michela, le tue figlie che ti adorano

13. Ora scrivi tu un biglietto per una delle seguenti occasioni: Pasqua, San Valentino, il compleanno di un(a) amico(a), festa del papà.

🔴 14. Ascolta la telefonata e indica di che feste TR 39 si parla.

15. Leggi la biografia del santo patrono d'Italia, San Francesco d'Assisi. A quali episodi della sua vita corrispondono questi affreschi di Giotto (1267-1337)?

San Francesco è una figura importantissima nella storia e nella letteratura italiana, simbolo dell'amore universale verso tutti gli uomini, gli animali e la natura in generale.

Nasce ad Assisi nel 1181 da una famiglia ricca.

Nel 1202 partecipa alla guerra tra Perugia e Assisi; è fatto prigioniero e resta un anno in carcere.

È di questo periodo l'episodio del mantello, che Francesco dona a un povero.

Nel 1207 Francesco si spoglia, sulla piazza di Assisi, davanti alla folla e al Vescovo e sceglie di abbandonare tutte le ricchezze e di dedicare la sua vita ai poveri.

Nel 1209 va a Roma per l'approvazione del Papa alla sua forma di vita, insieme ai suoi compagni.

Tra il 1212 e il 1213 Francesco predica e un giorno parla con gli uccelli.

Nel 1212 accoglie Santa Chiara nell'Ordine.

Nel 1223 a Greccio, in Umbria, il santo "poverello" per Natale inventa la tradizione del presepe.

Nel 1226 va a Siena dove si ammala gravemente.

La sera del 3 ottobre muore a Santa Maria degli Angeli.

Che cosa c'è di originale nel comportamento di Francesco ?

16. Leggi la trascrizione in italiano moderno di alcuni versi del Cantico delle creature (che San Francesco ha composto nel 1226 circa) e che è considerato il primo testo della letteratura italiana: è una "dichiarazione d'amore" verso la natura. Per che cosa San Francesco ringrazia il creatore?

CANTICO DELLE CREATURE
Lodato sii, o mio Signore, con tutte le tue creature,
specialmente messere fratello Sole,
che splende durante il giorno e ci illumina.
Ed egli è bello, e radioso con grande splendore.
Di te, Altissimo, è simbolo ed immagine.
Lodato sii, o mio Signore, per sorella Luna e le Stelle:
in cielo le hai formate chiare, preziose e belle.
Lodato sii, o mio Signore, per fratello Vento,
e per l'aria, il nuvoloso e il sereno ed ogni tempo

grazie al quale alle tue creature dai sostentamento.
Lodato sii, o mio Signore, per sorella Acqua,
la quale è molto utile e umile e preziosa e casta.
Lodato sii, o mio Signore, per fratello Fuoco,
per il quale illumini la notte
ed egli è bello e giocondo e robusto e forte.
Lodato sii, o mio Signore, per sorella nostra madre
Terra,
la quale ci sostenta e ci governa,
e produce diversi frutti con coloriti fiori ed erba.

Tra gli elementi citati da Francesco quali ti sembrano più importanti per la vita del genere umano?

17. Ascolta il dialogo e controlla sulla cartina dell'Umbria (pag.204) quali posti vogliono visitare i due ragazzi.

LA LINGUA ITALIANA

1. IL CONDIZIONALE Gr p. 183

ei esta ebbe emmo este ebbero

"**Mi piacerebbe**" / "Cosa **vorresti** fare?" / "Ti **andrebbe** un buon gelato?" / "Non **saprei**" / **Sarebbe** meglio chiedere" / "**Potresti** tornare a trovarmi"

A I VERBI REGOLARI

1. Completa con il condizionale.

1. Mario, che ne (*dire*) .... di andare al cinema stasera?
2. Sono un po' stanco, (*prendere*) .... volentieri l'autobus.
3. Michela (*comprare*) .... un motorino ma il suo papà non vuole.
4. Carla, (*uscire*) .... con me sabato?
5. Ci (*piacere*) .... visitare Napoli.
6. Le mie sorelle (*mangiare*) .... volentieri questa torta ma sono a dieta.
7. Sono sicuro che Paolo (*preferire*) .... andare allo stadio ma suo fratello preferisce andare a teatro.
8. Ragazzi, mi (*voi - aiutare*) .... a cercare le chiavi? Non le trovo più.
9. Noi (*cambiare*) .... volentieri la macchina ma non abbiamo i soldi.
10. (*Io - leggere*) .... il libro che mi hai consigliato ma non ho tempo.

B I VERBI IRREGOLARI

2. Come il precedente.

1. (*Tu - venire*) *verres..* con noi in campagna?
2. (*Io - andare*) .... da Paolo, ma devo studiare.
3. Professoressa, (*noi - potere*) .... uscire un momento, per favore?
4. Oggi non mi sento bene, (*rimanere*) *rr* .... volentieri a casa.
5. Scusi, mi (*sapere*) .... dire dov'è il cinema Ariston?
6. I miei genitori (*essere*) *sar-* .... felici di andare a vivere in Italia.
7. (*Voi - avere*) *avr* .... voglia di venire alla conferenza sulla Toscana?
8. (*Noi - volere*) *vorr* .... un caffè e un tè, per favore.
9. (*Io - stare*) .... ancora un po' qui nel parco, è così bello!
10. Ti (*io - vedere*) .... con piacere, ma oggi non ho tempo.

11. (*Noi - dovere*) .... telefonare a Francesco! È un po' che non lo sentiamo.
12. (*Io - bere*) .... volentieri una coca.
13. (*Essere*) .... bello essere già in vacanza!
14. Clara, mi (*tradurre*) .... questa frase in italiano, per favore?
15. Carla (*fare*) .... un giro in bici, ma oggi piove troppo.

2. L'IMPERATIVO REGOLARE Gr p. 186

"**Dite**, ragazzi" / "**Prendete** bacio" / "**Scusi**..."/ "**prendete** a sinistra, **continuate** sempre dritto..." "Come, **scusa**?"

3. Trasforma le indicazioni stradali, usando l'imperativo al TU e al LEI come nell'esempio:

es. attraversate la piazza >
TU > attraversa / LEI > attraversi

Per andare alla Rocca Paolina prendete corso Vannucci, passate davanti al Museo Nazionale dell'Umbria e continuate sempre dritto. Attraversate piazza Italia e girate leggermente a sinistra. Lì scendete le scale e siete alla Rocca Paolina.

3. IL SUPERLATIVO RELATIVO Gr p. 177

"**La** cosa **più importante** è stare con te" / "Ti faccio conoscere **la migliore** gelateria di Perugia"

4. Forma delle frasi con le parole seguenti come nell'esempio:

es. Paolo / ragazzo / carino / classe > Paolo è il ragazzo più carino della classe

1. Firenze / città / interessante / Toscana
2. I Baci Perugina / cioccolatini / buoni / Italia
3. L'amore / cosa / bella / mondo
4. Deborah / ragazza / importante / mia vita
5. La gelateria Cardone / peggiore / città

4. CI VUOLE / CI VOGLIONO p. 181

"Ci vogliono solo due ore e mezzo in treno" /
"Ci vuole al massimo un quarto d'ora"

5. Quanto tempo ci vuole per andare da Firenze a queste città in treno?

*es Per andare da Firenze a Perugia **ci vuole** un'ora e mezzo, per andare a Orvieto **ci vogliono** due ore.*

Lucca	Perugia	Spoleto	Montepulciano	Livorno
1.20	1.30	3.10	2.20	1.15
Orvieto	**Assisi**	**Pisa**	**Arezzo**	
2.00	2.30	1.00	1.40	

5. BUONO p. 176

"Ti andrebbe un **buon** gelato?"

6. Metti insieme gli elementi delle due colonne. Fai tutte le combinazioni possibili:

Buon	feste
Buono	san Valentino
Buona	estate
Buon'	**vacanze**
Buone	Pasqua
	studio
	appetito
	compleanno
	Natale

7. Completa le frasi con la forma corretta dell'aggettivo buono.

1. Queste caramelle sono...
2. Questo gelato non è...
3. Il tuo dolce è...
4. Il caffè di tua madre è proprio...
5. Luisa è bella ma non è...
6. I suoi consigli sono...

Basilica di San Francesco - Assisi

Santa Chiara

Santa Maria degli Angeli

Le Cinque Terre

Unità 7

Ciao ragazzi!

La lanterna - Genova

Il porto - Genova

Portofino

Portofino

Genova

Le Cinque Terre

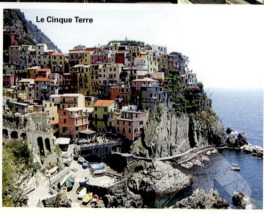
Le Cinque Terre

Parlo del corpo umano e della salute.
Descrivo dei sintomi.
Parlo delle attività per sentirsi in forma.
Parlo dell'ambiente e del volontariato.

L'imperativo
- con i pronomi
- la forma negativa
- i principali verbi irregolari
Alcune forme impersonali (*bisogna, serve, occorre, basta*)

SERVIZIO CIVILE NAZIONALE

Avresti voglia di fare una gita in Italia con la tua classe? Dove?

OGGI SI DEVE CAMMINARE

Francesco e la sua classe sono andati in gita scolastica alle Cinque Terre.

Professore Ragazzi, ci troviamo in uno dei parchi naturali più belli d'Italia, inserito nella lista del patrimonio mondiale dell'umanità. Guardate le vigne e gli ulivi, e quel mare splendido!

Barbara Prof, non potremmo fare una pausa? Siamo stanchi!

Professore Già stanchi? No, ragazzi, non cominciate! Oggi si deve camminare! Un po' di moto fa bene! Ma fate attenzione. Ieri ha piovuto ed è facile scivolare! E tu Alice, non restare indietro!

Alice Un attimo! Aspettatemi! Cerco un cestino per buttare la bottiglia vuota!

Un ragazzo Ecco!

Alice Ah, grazie mille! Ma chi siete?

Un ragazzo Siamo un gruppo di volontari di Legambiente.

Una ragazza Siamo di Torino.

Un ragazzo Oggi siamo venuti qui per pulire il parco.

Una ragazza Ne approfittiamo per informare i visitatori sui rischi che corre questo bel parco!

Professore Alice, dai! Non perdere tempo!

Alice Grazie ancora e buon lavoro!

Un ragazzo Prego! E se hai voglia di dare una mano all'ambiente scrivi alla nostra associazione.

Basta un'ora a settimana per aiutarci a salvare il pianeta!

Alice Ok, ci penserò, ciao! Mi scusi, professore, arrivo subito! Corro! Ahi!

Barbara Cos'è successo?

Alice Accidenti! Ho preso una storta. Che dolore!

Francesco Prof, venga, per favore, Alice si è fatta male.

Professore Oh, no! Alice, cos'hai?

Francesco Non si preoccupi, sta facendo un po' di scena.

Alice Sta' zitto, mi fa un male terribile!

Professore Sì, sembra una brutta storta. Prova a camminare.

Alice Non ci riesco, mi fa male...

Professore Siediti e fammi vedere la caviglia.

Alice È rotta? Bisogna ingessarla?

Professore Ma no! Non esagerare! Non serve! È appena un po' gonfia. Basta un po' di riposo! Facciamo così: fermiamoci qui un po' per fare il picnic e vediamo se la caviglia va meglio. Sennò accompagnerò Alice dal medico a Vernazza. Che ne dite?

Barbara e gli altri Buona idea! Grazie prof!

Se hai voglia di dare una mano...   Dai!   Accidenti!   Ci penserò.   Non ci riesco!   Che ne dite?

1. Dove si trova Francesco con la sua classe?
2. Perché hanno scelto di fare la gita scolastica in questa regione?
3. Che cosa c'è di bello nel parco delle Cinque Terre?
4. Che cosa vorrebbe fare Barbara?
5. Perché il professore non è d'accordo?
6. Perché Alice è rimasta un po' indietro? Chi incontra?
7. Di che cosa si occupano i volontari di Legambiente?
8. Che cosa propongono ad Alice?
9. Che cosa succede alla ragazza e perché?
10. Che cosa pensa Francesco?
11. Come reagisce il professore?
12. Sarà necessario ingessare il piede?
13. Cosa decide di fare il professore?

1. Sei già stato in gita con la tua classe? Quando? Dove?
2. Quando sei in gita, ti piace fare delle lunghe camminate a piedi?
3. La protezione dell'ambiente per te è una necessità?
4. Nella tua città si pratica la selezione dei rifiuti (carta, vetro ecc). Tu la fai?
5. Aderisci o hai pensato di aderire a un'associazione di volontariato?
6. Se sì, di che tipo? Se no, perché?

Tre ragazzi sono nel centro storico di Genova insieme ai loro compagni di scuola, ma uno di loro cade e si fa male a un braccio.

A chiama i suoi amici
B e C chiedono che cosa succede.
A dice che si è fatto male a un braccio.
B dice che fa un po' di scena.
A dice di avere un male terribile e che pensa che bisognerà ingessare il braccio.
B dice di non esagerare.
C dice che basta mettere del ghiaccio e tenerlo a riposo per un po'.
B chiede ad A di provare a muovere il braccio.
A dice che non ci riesce. Gli/le fa male.
B dice che forse sarebbe meglio andare dal medico.
C propone di accompagnare A dal medico con la macchina.

OGGI SI DEVE CAMMINARE

 **COMUNICHIAMO**

Descrivere dei malesseri e dare consigli		
	TU	**LEI**
Mi fa male lo stomaco	Mangia meno! / Dovresti mangiare meno. Non mangiare troppo veloce!	Mangi meno! / Dovrebbe mangiare meno. Non mangi troppo veloce!
Ho preso un colpo di sole	Metti una crema! / Dovresti mettere una crema. Non stare al sole!	Metta una crema! / Dovrebbe mettere una crema. Non stia al sole!
Mi sono rotto/a un braccio	Vai subito dal medico! / Dovresti andare subito dal medico. Non muoverlo!	Vada subito dal medico! Dovrebbe andare subito dal medico. Non lo muova!
Mi gira la testa!	Siediti! / Dovresti sederti. Non muoverti bruscamente!	Si sieda! / Dovrebbe sedersi. Non si muova bruscamente!
Ho la febbre e mi cola il naso	Copriti bene! / Dovresti coprirti bene. Non vestirti troppo leggero!	Si copra bene! Dovrebbe coprirsi bene. Non si vesta troppo leggero!
Ho mal di schiena	Muoviti un po'! / Dovresti muoverti un po'. Non stare troppo seduto!	Si muova un po'! Si dovrebbe muovere un po'. Non stia troppo seduto!
Mi fanno male le gambe quando salgo le scale.	Dimagrisci un po'! / Dovresti dimagrire un po'. Non restare troppo in piedi!	Dimagrisca un po'! / Dovrebbe dimagrire un po'. Non resti troppo in piedi!

"Ho preso una storta. Che dolore!"/"Prova a camminare" / "Mi fa un male terribile!"/"Bisogna ingessarla?"
"È appena un po' gonfia."/"Siediti e fammi vedere la caviglia."/"Basta un po' di riposo."

1. Con un(a) compagno(a). A turno descrivete dei malesseri e datevi dei consigli:

                                   stia

1. mal di testa / prendere un'aspirina / non stare troppo tempo davanti al computer
2. mal di schiena / muoversi un po' / non portare cose pesanti
3. raffreddore / vestirsi pesante / non dimenticare l'ombrello
4. mal di stomaco / mangiare leggero / non bere alcolici
5. allergia / evitare lo smog / non stare vicino agli alberi in primavera
6. piedi / sedersi un po' / non camminare troppo

2. Con un(a) compagno(a). Immaginate delle piccole conversazioni in farmacia alla forma di cortesia (Lei).

Dire cosa è o non è necessario / sufficiente per fare qualcosa				
	Non serve **Non ci vuole** **Non occorre**	la macchina,	**bisogna** **si deve**	camminare a piedi.
Per visitare il parco delle Cinque Terre	**Servono** **Ci vogliono** **Occorrono**	delle buone scarpe		
	Non occorre	molto tempo,	**basta**	una giornata.

"Oggi si deve camminare"/"Basta un'ora a settimana"/"Bisogna ingessarla"/"Non serve"/"Basta un po' di riposo"

3. Completa liberamente e chiedi al tuo insegnante il vocabolario che non conosci. Dopo, confronta con un(a) compagno(a). Avete messo le stesse cose?

1. Per dimagrire non serve… bisogna…
2. Per parlare bene l'italiano ci vogliono… non bisogna…
3. Per essere in forma… serve… non bisogna… bisogna…
4. Per diventare ricchi non occorre… ci vuole…
5. Per andare al mare servono… non occorrono…
6. Per aiutare gli altri non ci vuole… basta…
7. Per essere felici non serve… bisogna…

4. Con un(a) compagno(a). Inventa delle frasi simili e dille ai compagni. Sono d'accordo con te?

5. Da' dei consigli a queste persone per diventare bellissimi.

INTERMEZZO

6. Guarda questa pubblicità. Qual è il prodotto pubblicizzato, secondo te? Qual è lo slogan? Che significa essere "il ritratto della salute"?

Secondo te, cosa si deve fare per essere in forma?

7. Conosci il proverbio italiano "una mela al giorno toglie il medico di torno"? Cosa significa secondo te? Sei d'accordo?

8. Leggi lo slogan della pubblicità a pag. 96. Qual è il gioco di parole con il proverbio che hai appena visto?

9. Leggi ora il decalogo del benessere e indica quali affermazioni contenute nel testo ti sembrano esatte.

1. Bisogna muoversi ogni giorno ma non occorre muoversi molto.
2. Gli anziani non devono fare sport.
3. Occorre controllare il consumo eccessivo di calorie.
4. Per perdere peso bisogna camminare più di 60 minuti al giorno.
5. Non bisogna cercare di superare i propri limiti, basta fare un po' di movimento regolare.
6. Andare in bicicletta o salire le scale a piedi sono una buona occasione per muoversi.
7. Due ore di palestra alla settimana sono sufficienti per restare in forma.
8. I genitori dovrebbero dare il buon esempio ai figli.
9. I lavori domestici come portare fuori il cane o rifare il letto non sono vero movimento.
10. Si possono mangiare tutti i tipi di alimenti a condizione di muoversi un po'.

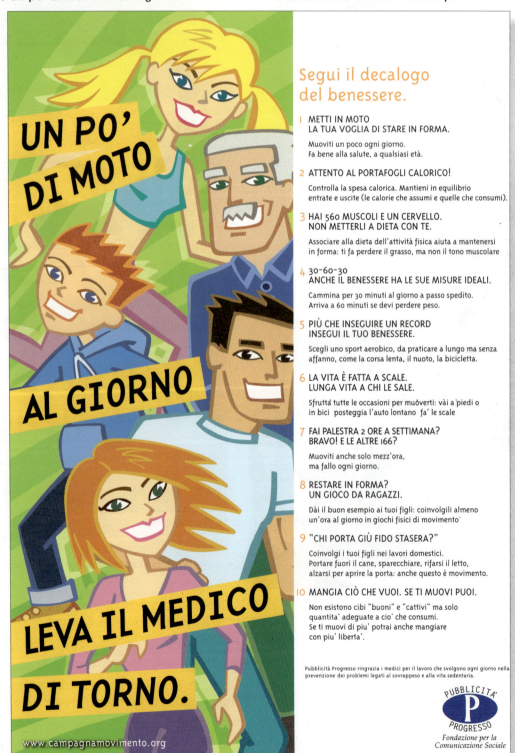

10. Ascolta la conversazione tra due amici. Quali consigli del decalogo citano?
TR 43 Scegli tra le due possibilità:

A. 3, 6, 7, 10   B. 3, 8, 9, 10

 11. Riascolta la conversazione e indica se le affermazioni sono vere o false:

1. Barbara ha perso più di 10 kg.
2. Antonio non ha molto tempo per andare in palestra.
3. Barbara va in palestra ogni giorno.
4. Antonio non vuole rinunciare alla pasta e alla pizza.
5. Barbara non ha rinunciato alla pizza e alla pasta, ma ne mangia una porzione più piccola.
6. Antonio decide di cominciare la dieta e di muoversi di più da lunedì.

TR 45 12. Ascolta, più di una volta, la pubblicità radiofonica e indica quali affermazioni sono citate:

I consigli del medico sono:	Ora la paziente:	Per proteggere la salute e combattere il sovvrappeso Pubblicità Progresso consiglia:	Il dottore è uscito:
- mezza porzione in meno. - un'ora di bicicletta. - mezz'ora di camminata in più. - niente ascensore. - palestra due volte a settimana. - una corsetta nel weekend.	- è più muscolosa. - può salire le scale a due a due senza il fiatone. - è pure dimagrita. - non ha più male alla schiena.	- una dieta equilibrata. - una dieta seguita da un medico. - un'attività leggera ma costante. - delle attività aerobiche.	- a visitare un paziente. - a fare quattro passi.

13. Guarda questa pubblicità. Chi è il personaggio? Qual è il messaggio? Sei d'accordo?

Non serve volare. Basta volere

Volontariato. Lo straordinario di ogni giorno.

14. Ecco alcuni settori in cui è possibile svolgere attività di volontariato. Quali ti sembrano più utili?

1. Protezione dell'ambiente e ecologia.
2. Assistenza e compagnia a persone in difficoltà.
3. Cura degli animali abbandonati.
4. Salvataggio di monumenti in cattivo stato.
5. Attività sportive e ricreative in centri sociali.
6. Compagnia agli anziani.
7. Doposcuola per bambini.
8. Conversazione nella tua lingua per chi è appena arrivato nel tuo paese.
9. Lezioni gratuite di qualcosa che sai fare (sport, pittura, musica ecc) per chi non ha la possibilità di pagare dei corsi.

E tu?
Conosci qualcuno che fa o ha fatto delle attività di volontariato? Quali?
Ti piacerebbe far parte di un'associazione? Quale? Perché?

15. Leggi i testi. A quali attività di volontariato citate (att. 14) si riferiscono?

A

Le Cinque Terre, con i suoi bellissimi cinque paesini sul mare, sono il segno evidente dell'ingegno dell'uomo che ha modellato queste terre con spettacolari "terrazzamenti"(coltivazioni a terrazze). Le terrazze, partendo dal mare, si sviluppano fino a 700m di quota. Purtroppo negli ultimi decenni hanno subito un graduale abbandono da parte dell'uomo. Dal 2000 Legambiente, che ha fortemente voluto la protezione di questo territorio, collabora con l'Ente Parco svolgendo progetti di volontariato per la sua salvaguardia. Il Parco Nazionale delle Cinque Terre, inserito nell'elenco del patrimonio mondiale, ambientale e culturale dell'UNESCO, offre infatti caratteristiche ambientali e culturali da preservare e valorizzare. I volontari saranno impegnati in attività di pulizia e manutenzione dei sentieri e dei terrazzamenti. Avranno l'opportunità inoltre di conoscere i prodotti di questo territorio visitando le terrazze recuperate all'abbandono e oggi coltivate e collaborando alla produzione di alcuni prodotti (pesto, salse, etc.) nei laboratori del Parco. Tessera di Legambiente obbligatoria.

www.legambiente.it

B

Anche quest'anno l'associazione Città Meticcia, in collaborazione con la Casa delle Culture, ha attivato, per il sesto anno consecutivo, il doposcuola "Tra due mondi", presso la scuola elementare "R. Ricci" in via Cilla a Ravenna. Il doposcuola, che si tiene due pomeriggi alla settimana dalle 14.30 alle 17.30, è rivolto agli alunni delle scuole elementari che hanno difficoltà scolastiche. Il gruppo di operatori è composto interamente da volontari dell'associazione, aiutati anche da minorenni. L'associazione mette a disposizione 18 volontari che si alternano fra loro. Attraverso specifiche tecniche di accoglienza, il dialogo, momenti di gioco, un laboratorio, l'organizzazione di feste (per compleanni o ricorrenze) il gruppo di volontari cerca di costruire un contesto relazionale positivo, nel quale i bambini si sentano liberi di esprimersi e di conseguenza diventino in grado di apprendere con più facilità. Se vuoi aiutarci e se hai almeno un pomeriggio alla settimana libero, chiamaci.

www.racine.ra.it/meticcia/

 16. Ascolta l'intervista a Tommaso che parla della sua esperienza di volontariato. Dove fa volontariato? Cosa pensa di quest'esperienza?

LA LINGUA ITALIANA

1. L' IMPERATIVO

"**Guardate** le vigne e gli ulivi"/ "No, ragazzi, non **cominciate!**" / "**Fate** attenzione!" / "E tu **non restare** indietro!" / "**Aspettatemi**" / "Alice, dai! **non perdere** tempo!" / "**Scrivi** alla nostra associazione" / "**Mi scusi**, professore" / "Prof, **venga**, per favore" / "**Non si preoccupi**" / "**Sta'** zitto" / "**Prova** a camminare"/ "**Siediti** e **fammi** vedere la caviglia" / "**Non esagerare**" / "**Fermiamoci**"

A I VERBI IRREGOLARI

1. Completa con i verbi stare, dare, fare, essere, dire, venire, andare, avere all'imperativo:

1. Marco, ... zitto! Non devi raccontare il mio segreto.
2. Alice, ... silenzio! Non si parla durante un film.
3. Michela, ... a Renato che può venire alla gita se vuole.
4. Luca, ... a prendere un'aspirina per Anna, per favore.
5. .... più paziente con tuo fratello!
6. Signora, mi .... pure la sua borsa, è pesante, la porto io.
7. Prof, ... buono! Non ci .... troppi compiti.
8. Prego, signora, mi ....: dove le fa male?
9. Signora, ... ferma, non muova la gamba, potrebbe essere rotta.
10. Professoressa, ... qui, per favore, Alberto si è fatto male al ginocchio.
11. Mario e Luca, dai, non .... rumore!
12. Ragazze, ... un attimo di pazienza, Anna è in ritardo.
13. Lucia, Giorgio, ... puntuali all'esame.
14. Ragazzi, ... tranquilli!
15. Ragazzi, ... qui.

B LA FORMA NEGATIVA (2° PERSONA SINGOLARE)

2. Da' degli ordini a Carlo, trasformando le frasi alla forma negativa, secondo il modello:

*es. Carlo, **torna** subito a casa! => Carlo, **non tornare** subito a casa!*

Carlo,
vieni qui, per favore!
leggi questo giornale!

racconta quello che sai!
partecipa alla gita!
scrivi l'email!
mangia questo panino!
dormi!
chiudi la finestra!
apri la porta!
sta' zitto!
fermati ad Assisi!
siediti qui!
mettiti vicino a me!
alzati subito!
curati con l'omeopatia!

3. Ora trasforma alla forma di cortesia (Lei):

*es. Signor Martini, **non torni** subito a casa!*

C L'IMPERATIVO CON I PRONOMI

4. Forma delle frasi all'imperativo (tu) con le seguenti parole:

es. fa / dove / dire / mi / ti / male => Dimmi dove ti fa male.

1. Dare / il / libro / mi / tuo / favore / per
2. Un / piacere / mi / fare
3. Ci / la / dire /verità
4. Quello / pensi / che / dire / gli
5. Le / dare / mano / una

5. Trasforma secondo il modello.

*es. Dovresti comprare l'aspirina => **Comprala**! / Dovrebbe comprare l'aspirina => **La compri**!*

1. Dovresti ascoltare i consigli del medico => ...!
2. Dovresti parlare a tuo fratello del tuo problema => ... del tuo problema!
3. Dovresti mangiare la verdura => ...!
4. Non dovresti dire queste cose ai tuoi compagni =>... queste cose!
5. Non dovresti guardare troppo la tv => ... troppo!
6. Dovrebbe fare una dieta => ...!
7. Dovrebbe telefonare a sua moglie => ...!
8. Dovrebbe chiedere delle informazioni alla segretaria => ... delle informazioni!
9. Non dovrebbe raccontare tutto a Paolo e a Luca => ... tutto!
10. Non dovrebbe bere il vino => ...!

6. Scegli la forma giusta:

1. Cinzia, *dammi / mi dia / datemi* la tua borsa, la metto in macchina.
2. Professoressa, *scusami / mi scusi / scusatemi*, che ora è?
3. Signora, *dimmi / mi dica / ditemi* dove le fa male.
4. Michele, ecco tuo fratello: *dagli / gli dia / dategli* il tuo motorino.
5. Ragazzi, *sta' / stia / state* zitti un momento.
6. Luigi, *non muoverti / non si muova / non muovetevi*.
7. *Senti / senta / sentite*, sapete dov'è una farmacia?
8. Se decidi di iscriverti a un'associazione, *fallo / lo faccia / fatelo* subito!
9. Se vuole andare in Italia, *vacci / ci vada / andateci* nelle prossime vacanze!
10. Quando volete venire da noi, *telefonaci / ci telefoni / telefonateci* prima!

2. BISOGNA, SERVE / SERVONO, OCCORRE / OCCORRONO, CI VUOLE / CI VOGLIONO, SI DEVE, BASTA / BASTANO

Gr p. 181

"Oggi **si deve** camminare" "**Basta** un'ora a settimana" "**Bisogna** ingessarla" "Non **serve**" "**Basta** un po' di riposo"

7. Secondo te, quali sono le parole mancanti?
(attenzione, spesso c'è più di una soluzione!)

1. Per dimagrire .... mangiare meno.
2. Per conoscere Legambiente .... visitare il sito www.legambiente.it
3. Per camminare in questo parco .... delle scarpe da montagna.
4. .... sempre rispettare la natura.
5. Per diventare più muscolosi .... fare molto sport.
6. .... molto coraggio per fare volontariato in un ospedale.
7. Per fare la gita delle Cinque Terre a piedi .... circa 6 ore.
8. Cosa .... fare per iscriversi a Legambiente?
9. Per smettere di fumare, secondo me, non .... la volontà.
10. Se si ha mal di stomaco non .... mangiare cose pesanti.

Unità 8

Ciao ragazzi!

Campagna Toscana

Il Battistero

Ponti di Firenze

Santa Croce

Piazza Della Signoria

Galleria degli Uffizi

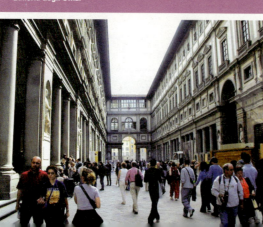

L'Arno

Descrivo il carattere di una persona.
Parlo delle relazioni con i miei genitori.
Esprimo sentimenti (rabbia, dispiacere...).
Esprimo gusti, pareri, ipotesi e supposizioni.

Il congiuntivo presente
I pronomi relativi
I suffissi diminutivi, accrescitivi e peggiorativi
I connettivi: *eppure, però, tuttavia*

Quando è stata l'ultima volta che ti sei arrabbiato(a)?
Con chi? Perché?

Ritratto di Dante Alighieri
di Sandro Botticelli

È UN PERIODACCIO...

 Alice e Simona sono a casa di Francesco per preparare insieme una ricerca di geografia su una regione d'Italia che dovranno poi esporre davanti alla classe. Francesco ha proposto di presentare la Toscana, dato che conosce bene Firenze, è stato a Siena e ha molte fotografie.

TR 48

Simona	Dai, ragazzi! Abbiamo solo due orette di tempo. Penso che sia ora di cominciare a preparare questa ricerca.
Alice	Uffa, non ne ho voglia. Non ce la faccio più! E poi odio parlare di fronte alla classe.
5 **Simona**	Secondo me, esageri! È assurdo che ti stressi tanto!
Alice	Senti chi parla! Credo che tu sia più agitata di me.
10 **Francesco**	Ragazze, non arrabbiatevi! Non è il momento! Perché non mi aiutate a scegliere le foto?
Alice	Hai ragione. È meglio che cominciamo.
Francesco	Aspettate un attimino. Avevo delle foto bellissime di Firenze che mi ha mandato
15	Chiara. Dove sono? Oh, no! Scommetto che mia madre le ha spostate, con la sua mania di mettere sempre in ordine. Non sopporto che entri nella mia stanza!

20 **Alice**	Ti capisco! Questo è uno dei motivi per cui litigo spesso con i miei! Eppure non mi sembra di essere così disordinata.
Simona	Secondo me hanno ragione, anche a me il disordine dà fastidio. Io invece litigo spesso con mio padre perché non gli piace che io passi troppo tempo al telefono con i miei amici.
25	
Francesco	Però tuo padre non ha torto, sei così chiacchierona!
30 **Alice**	Anche per me è un periodaccio con i miei. Ogni sera mio padre si innervosisce e mi rimprovera perché, secondo lui, passo troppo tempo davanti al computer.
Francesco	Ecco, finalmente ho trovato le foto. Che ve ne pare di questa? Si vede piazza Santa Croce e anche la statua di Dante. È proprio bella.
35	
Simona	Parli della statua o di Chiara?

Abbiamo solo due orette di tempo.	Aspettate un attimino.	Eppure...
Non ce la faccio più!	Scommetto che...	Per cui
Senti chi parla!	È un periodaccio.	

1. Perché Alice e Simona sono a casa di Francesco?
2. Perché Alice è stressata?
3. Che cosa ne pensa Simona?
4. E Alice cosa risponde?
5. Cosa propone di fare Francesco?
6. Cosa non trova più?
7. Che cosa non sopporta Francesco?
8. Chi è d'accordo con lui?
9. Qual è la ragione per cui Simona e suo padre litigano?
10. Cosa ne pensa Francesco?
11. Quando e perché si innervosisce il padre di Alice?
12. Cosa si vede sulla foto mostrata da Francesco?

1. Nella tua classe, preparate delle ricerche che presentate davanti ai compagni? Per quali materie? Quanto tempo durano?
2. Ti piace fare delle ricerche da solo(a) o con i compagni?
3. Per le tue ricerche navighi su internet, preferisci andare in biblioteca o altro?
4. Quando devi parlare davanti alla tua classe sei agitato(a) o ti senti tranquillo(a)? Cosa fanno i tuoi compagni durante la presentazione? E l'insegnante?
5. Preferisci studiare da solo(a) o con i compagni di scuola? Perché?
6. Dove studi generalmente? Nella tua camera, in salotto, in biblioteca ecc.
7. Ti capita di litigare con la tua famiglia?
8. Per quali motivi?
9. Ci sono statue di personaggi famosi nella tua città o paese? Chi rappresentano?

A, B e C preparano uno spettacolo teatrale.
A dice che recitare lo rende nervoso.
B dice che è un brutto periodo perché hanno molto da fare.
C dice che anche lui non ce la fa più.
B dice che esagera e che è assurdo stressarsi tanto per uno spettacolo di classe.
C pensa che anche B sia molto agitato per lo spettacolo.
A chiede se qualcuno ha visto il suo testo.
B dice che crede che sia sul tavolo.
C dice che non c'è e che scommette che l'abbia spostato A.
B dice che non sopporta che A sposti le cose.
A dice che non sopporta che B sia così aggressivo.
C dice che il testo è lì sul tavolo e che è meglio rimettersi a lavorare.

È UN PERIODACCIO...

COMUNICHIAMO

Esprimere un'opinione personale, un'ipotesi o una supposizione	
Secondo me	questo libro è interessante. tuo fratello ha torto. Anna non studia abbastanza. Questo giornalista scrive molto bene. Luca si innervosisce quando ci sono i compiti in classe. Giulia dorme troppo poco.
Credo che Penso che Mi sembra che Mi pare che	questo libro sia interessante. tuo fratello abbia torto. Anna non studi abbastanza. Questo giornalista scriva molto bene. Luca si innervosisca quando ci sono i compiti in classe. Giulia dorma troppo poco.
Penso di / Credo di / Mi sembra di / Mi pare di	essere una persona generosa / paziente / simpatica, che ne dite?

"Penso che sia ora di cominciare"/"Secondo me, esageri!"/"Credo che tu sia più agitata di me."/
"Eppure non mi sembra di essere così disordinata."/"Secondo me hanno ragione."

1. Immagina queste situazioni e forma delle frasi:

es. Il tuo migliore amico non è venuto alla festa (essere in vacanza / avere l'influenza) => Credo che sia in vacanza / penso che abbia l'influenza

1. Il tuo migliore amico non ti vuole prestare il motorino (essere geloso delle sue cose / non fidarsi di me)
2. Tua madre non ti lascia uscire sabato sera (avere paura per me / non capire le mie esigenze)
3. Tuo padre è spesso di cattivo umore (avere dei problemi di lavoro / non sentirsi bene)
4. La tua amica è sempre in ritardo (non rispettarmi abbastanza / non guardare mai l'orologio)
5. Vedi il tuo ragazzo con la tua migliore amica (organizzare una sorpresa per il mio compleanno / tradirmi)
6. Vedi la tua ragazza con il tuo migliore amico (parlare di me / essere innamorato di lei)
7. Tuo fratello è stanchissimo (dormire poco / studiare troppo)

2. Con un(a) compagno(a). Cosa pensate di queste affermazioni? Confrontate le vostre opinioni.

es. La musica aiuta a vivere meglio => Credo che sia vero: quando sono triste, ascoltare il mio gruppo preferito mi mette di buon umore.
I genitori dovrebbero permettere ai figli di uscire la sera => Non penso che sia giusto: è troppo pericoloso.

1. I veri amici sono quelli che sono presenti quando stai male.
2. Gli insegnanti dovrebbero essere un po' più severi.
3. Dovremmo andare tutti in bicicletta e non in macchina.
4. Sarebbe meglio fare più sport a scuola.
5. Un'amicizia non può trasformarsi in amore.
6. Un amore non può trasformarsi in amicizia.
7. La famiglia è il bene più prezioso.
8. Studiare è importantissimo per il futuro.
9. Gli animali sono più sensibili degli uomini.
10. Bisognerebbe fare più campagne contro il fumo.

3. Con un(a) compagno(a). Rispondete alle domande e confrontate le vostre risposte. Vi sembra che i vostri genitori reagiscano in un modo simile?

es. In quali occasioni tua madre si preoccupa?
Penso che si preoccupi soprattutto quando torno a casa tardi.

In quali occasioni tua madre / tuo padre:

Si arrabbia?
Si innervosisce?
Ha ragione?
Ha torto?
Decide per te?
Chiede la tua opinione?
Segue i tuoi consigli?

Penso che... soprattutto quando...

Esprimere gusti e stati d'animo

Mi fa piacere che …	i miei nonni mi diano dei soldi a Natale
Mi diverte che …	gli amici mi invitino alle feste
Mi rende felice che …	tu venga a casa mia
Non mi piace che …	mia madre entri nella mia camera
Mi dà fastidio che …	mio padre sia sempre nervoso
Mi fa arrabbiare che …	i miei mi diano degli orari da rispettare

"non gli piace che io passi troppo tempo al telefono con i miei amici." / "E poi odio parlare di fronte alla classe." / "Non arrabbiatevi!"

4. Unisci le colonne secondo le tue preferenze:

Mi fa piacere che…	mia madre metta in ordine la mia camera.
Mi diverte che…	i miei amici parlino di me.
Mi rende felice che..	la scuola duri fino a giugno.
Non mi piace che…	in TV ci siano spesso programmi sportivi.
Mi rende triste che…	la radio trasmetta musica inglese.
Mi fa arrabbiare che …	la gente tenga degli animali in città.
Mi dà fastidio che…	circolino molti motorini in centro.
	ci siano trasmissioni televisive sulla vita della gente.

5. Con tre compagni(e). Ognuno scrive su un foglio tre frasi che lo riguardano (es. mi fa piacere che i miei amici mi scrivano molte email.) Gli altri devono indovinare chi le ha scritte.

Descrivere il carattere di una persona

Filippo è spesso nervoso / stressato, si agita per poco.
Luisa invece è sempre tranquilla / calma.
I genitori di Claudio sono molto severi e autoritari.
Quelli di Roberto invece sono permissivi e tolleranti.
Mio cugino Filippo è permaloso / suscettibile: si offende facilmente.
Sua sorella invece è sempre paziente, non si arrabbia mai.

"Ogni sera mio padre si innervosisce"
"Sei così chiacchierona!"

Bugiardo / intollerante / impaziente / ribelle / lunatico / fedele / sincero / malinconico / allegro / emotivo / romantico / pettegolo / distratto

Dire bugie / cambiare spesso umore / raccontare segreti agli altri / essere di buon umore / accettare le idee degli altri / dimenticare tutto / pensare spesso all'amore / accettare l'autorità / saper aspettare / avere un carattere un po' triste / essere troppo sensibili

6. Con un(a) compagno(a). Come pensi di essere? Come ti vedono gli altri? Descrivi te stesso usando tre aggettivi e descrivi il tuo compagno(a). Poi confrontate. Le vostre descrizioni corrispondono? Siete come vi vedono gli altri?

es. Penso di essere un(a) ragazzo(a) paziente, allegro(a) ma un po' timido(a).
Penso che il mio compagno(a) sia molto distratto(a), impulsivo(a) ma qualche volta aggressivo(a).

7. Guarda queste parole e abbinale alla definizione giusta. Prova ad inventare delle frasi.

bottiglietta / lavoretto / ragazzina / librone / amicone / ragazzone / momentaccio / filmaccio

un brutto film / una ragazza ancora piccola / un ragazzo alto e muscoloso / un brutto momento / un piccolo lavoro / una piccola bottiglia / un grosso libro / un grande amico

INTERMEZZO

Stress da genitori

8. Leggi queste definizioni. A quale categoria pensi che appartengano i tuoi genitori?

🔴 TR 49 9. Ascolta la conversazione. A quale categoria appartiene la madre di Stefania?

Gli intransigenti

Sono quelli che dicono sempre "NO", senza tante spiegazioni. Hanno paura che possa sempre succedere chissà cosa e per questo cercano di controllare la vita dei figli e (soprattutto!) delle figlie. C'è una festa? Non ci vai! Chiedi di tornare a casa a mezzanotte? Sei pazza? Al massimo alle 9! Ti beccano mentre baci un ragazzo? In punizione per due giorni!
Rimedio: genitori così poco liberali sono duri da digerire, ma l'unica arma è non arrendersi e cercare il dialogo a qualsiasi costo. Hai provato il sit-in in salotto davanti al TG?

I super protettivi

Non sono malaccio, mettono solo un po' d'angoscia. A scuola, un'interrogazione andata male diventa una tragedia biblica; un giorno di inappetenza del figlio li getta in uno stato d'agitazione. Se il figlio fa un po' tardi, lo aspettano in piedi in lacrime, dopo aver già allertato carabinieri e ambulatori.
Rimedio: dire sempre con chi esci, cellulare sempre acceso e un SMS se ritardi! Così stanno sereni loro e... anche tu!

Regole 4 parents

Riuscire ad avere un buon dialogo tra genitori e figli è molto difficile. Mamma e papà, però, potrebbero tenere a mente questi consigli, per vedere crescere le loro quotazioni...
❶ **Responsabilizzate** i figli, lasciando che commettano i loro errori senza farne dei drammi.
❷ **Ascoltateli**, senza prendere in giro e senza minimizzare i loro problemi.
❸ **Accettate** i loro momenti di silenzio, senza essere invadenti e indiscreti.
❹ **Dimostrate** ai vostri ragazzi di sapervi mettere nei loro panni.

teSoRo SiaMo PRoNti PeR La DiSCo

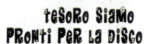

Gli amiconi

Ci sono mamme che dicono "sono la migliore amica di mia figlia, noi ci raccontiamo tutto". Ci sono padri che si comportano con totale spirito cameratesco nei confronti dei figli. Siamo sicuri che sia un bene? Gli adolescenti vogliono un legame profondo e unico coi genitori. Vogliono persone da rispettare, autorevoli, in cui poter trovare sempre un appoggio. Per le sciocchezze, le confidenze troppo intime e il linguaggio cretino e irrispettoso, ci sono già gli amici e le amiche.
Rimedio: prendere le distanze. Il 'lei' però è un po' esagerato!

4 regole teen

❶ Non smettere mai di cercare il dialogo e il confronto coi genitori
❷ Tenta di capire i loro momenti di stanchezza e di scarsa disponibilità
❸ Se non vuoi che siano troppo opprimenti, gioca d'anticipo, avvisandoli sempre di uscite ed eventuali ritardi
❹ Cerca, per quanto possibile, di coinvolgerli parlando loro delle tue ambizioni e dei tuoi amici

Da Ragazza Moderna, 02/2006

10. Leggi questi brani: secondo te, chi li ha scritti, un genitore o un figlio / una figlia?

A

Per me è tutto un non-dovere: non devo perdere tempo (...), non devo bere, non devo fumare, non devo drogarmi, non devo uscire senza permesso, non devo andare in motorino con Carolina.

da G. Carcasi, *Ma le stelle quante sono*, Feltrinelli 2006

B

Ha anche paura che la figlia provi male lontano da lei, che lei non possa essere lì a curarla, come faceva quando la sua bambina cadeva dalla bici (...) e aveva mal di pancia e lei, la madre, le massaggiava il dolore. Ha paura che quella bambina non sia più la sua, che sia di qualcun altro, qualcun altro che non l'ama come lei.

da G. Carcasi, *Ma le stelle quante sono*, Feltrinelli 2006

curare: occuparsi di una persona

C

Vi scrivo qui perché alcune cose non riesco a dirvele ... siete il mio coraggio, la mia speranza ... senza voi mi sentirei perduta nell'oceano ... mi avete insegnato a vivere, mi avete fatta crescere senza farmi mancare nulla ... vi voglio un mondo di bene ...
la vostra piccola

da http://dediche.lycos.it/
crescere: diventare grande

D

Voi non sapete giustificare, non sapete perdonare. L'unica cosa che siete in grado di fare è giudicare. Decidete la vita dei vostri figli sui vostri desideri, su quello che pensate voi. Senza sapere minimamente cosa noi ne pensiamo.

da F. Moccia, *Tre metri sopra il cielo*, Feltrinelli 2006

essere in grado di: potere
giudicare: decidere cosa è giusto o ingiusto per un'altra persona
minimamente: per niente

E

Durante i giorni di vacanza sono contenta perché posso uscire di più con le amiche e non vado a scuola. Mi piace più di tutto girare per le strade e guardare le vetrine, ma poi resto sempre male e mi sento triste e arrabbiata perché non riesco a comprare tutto quello che vorrei. Mi diverto, ma anche mi annoio durante i pranzi e le cene con i parenti, mi vedono sempre bambina.

Da http://it.health.yahoo.net

11. Scrivi una lettera ai tuoi genitori per dirgli cosa ti fa arrabbiare e cosa ti fa piacere nel loro modo di comportarsi con te:

Cara mamma e / o caro papà
Vi scrivo perché alcune cose non riesco a dirvele direttamente....

TR 50 12. Ascolta le due notizie radiofoniche:

1. Di quali geni toscani del passato si parla?
2. Quale attore fiorentino è citato?
3. In quali due luoghi famosi di Firenze hanno luogo gli avvenimenti?

A. Ponte Vecchio B. Galleria degli Uffizi C. Piazzale Michelangelo D. Palazzo della Signoria E. Piazza Santa Croce

LO SAI CHE...?

Dante è il poeta più famoso d'Italia. È vissuto nel medioevo (è nato a Firenze nel 1265 e morto a Ravenna nel 1321). Per motivi politici è dovuto partire in esilio, attraverso molte regioni d'Italia. Durante il viaggio ha scritto la famosissima Divina Commedia, divisa in tre parti, chiamate **cantiche: Inferno, Purgatorio, Paradiso**. Nella religione cristiana, Dio, che ha creato il mondo e gli uomini, regna nel Cielo. Alla loro morte gli uomini, se sono stati buoni vanno in Paradiso, se hanno commesso dei peccati restano un periodo più o meno lungo in Purgatorio, se sono stati cattivi e hanno commesso peccati gravi, sono condannati a soffrire in Inferno.
Dante, guidato dal poeta Virgilio, immagina un viaggio che lo porta dall'Inferno al Paradiso, dove ritroverà Beatrice che ha amato durante la sua vita. In Inferno incontra molti peccatori (i golosi, gli avari, i violenti, i traditori...).

All'ingresso dell'Inferno c'è un personaggio, Minosse, che decide dove devono andare i peccatori e quale sarà la loro punizione.

13. Leggi il fumetto comico sull'Inferno di Dante. Cosa fa Minosse? Che ruolo ha? Che tipo di peccatore si vede? Perché Minosse è arrabbiato? Perché i dannati fanno rumore?

Spergiuro: bugiardo
Far sgomberare l'aula: far uscire tutti dal tribunale

La Divina Commedia a fumetti World©Marcello

TR 51

"Dante Rap" è il concorso della Società Dante Alighieri per avvicinare i ragazzi alla musica e alla letteratura.

La Divina Commedia diventa un rap

ROMA - "Nel mezzo / del cammin // di nostra vita // mi ritrovai / in una selva oscura / ché la diritta via // era smarrita" (da leggersi necessariamente con ritmo rap). Da qualche mese migliaia di studenti hanno partecipato a un'importante iniziativa: musicare in stile rap un brano della Divina Commedia di Dante.
Deborah, 18 anni: "All'inizio eravamo un po' scettici. Poi, spinti un po' dall'amore per la musica, un po' dalla voglia di approfondire lo studio di Dante e, perché no, dalla possibilità di ricevere un premio, ci siamo messi a lavorare nell'ideazione del brano musicale. Innanzitutto abbiamo scelto il testo: di tutta la Commedia abbiamo preferito l'Inferno."

Da La Repubblica 24/03/2006

14. Ascolterai ora una canzone sull'Inferno scritta e interpretata da un gruppo di ragazzi del liceo scientifico statale di Scalea (in Calabria) che è arrivato al terzo posto a un concorso (premio Cultura, XXIV edizione) della Società Dante Alighieri. Puoi cantare il ritornello!
TR 52

Nel mezzo del cammin di nostra vita
Mi ritrovai per una selva oscura
Ché la diritta via era smarrita.
Ah quanto a dir qual era è cosa dura
(Qu)esta selva selvaggia e aspra e forte
Che nel pensier rinnova la paura!
Tant'è amara che poco è più morte.
(Inferno – canto I versi 1-7, inizio della *Divina Commedia*)

Ed ecco una "traduzione" in italiano moderno:
A metà della mia vita mi sono trovato in una foresta buia, perché avevo perso la strada giusta. È doloroso per me descrivere questa foresta ostile, piena di ostacoli e difficile da attraversare, che solo a pensarci mi fa tornare la paura. È tanto dolorosa che la morte lo è poco di più.

Lo studio di Dante e della *Divina Commedia* è obbligatorio nelle scuole italiane.

LA LINGUA ITALIANA

1. IL CONGIUNTIVO PRESENTE Gr p. 184

"**Penso che sia** ora di cominciare" / "**Credo che tu sia** più agitata di me.**" / "**È assurdo che ti stressi** tanto!" / "**È meglio che cominciamo.**" / "Non sopporto che **entri** nella mia stanza!" / "Non **gli piace che io passi** troppo tempo al telefono con i miei amici."

A I VERBI REGOLARI

1. Completa con il congiuntivo presente.

1. Credo che Anna (*parlare*) .... quattro lingue.
2. Ci sembra che tu (*prendere*) .... troppo spesso la macchina.
3. Mario pensa che Sandro e Francesca (*partire*) .... per l'Italia quest'estate.
4. Giulio, pensi che i tuoi fratelli (*preferire*) .... restare a casa?
5. Carlo crede che sua madre (*odiare*) .... il modo in cui si veste.
6. Francesca, scusami se sono troppo sincera ma credo che tu (*mangiare*) .... troppo!
7. Ci sembra che Lucia (*dormire*) .... ancora.
8. Andrea, sei stanco! Mi sembra che tu (*finire*) .... di lavorare troppo tardi.
9. Ai miei genitori sembra che io (*leggere*) .... troppi fumetti, ma io non sono d'accordo.
10. L'insegnante di matematica pensa che io non (*studiare*) .... abbastanza.
11. I genitori pensano spesso che i figli non (*mettere*) .... in ordine la loro camera.
12. Mi sembra che tu (*vestirsi*) .... troppo pesante. Fa caldo!
13. La mia mamma trova che io (*spedire*) .... troppi sms ai miei amici.
14. La mia invece pensa che i miei fratelli (*giocare*) .... troppo a lungo con la playstation.
15. Non vi sembra che i nostri figli (*trascorrere*) .... troppo tempo davanti al computer?

A I VERBI IRREGOLARI

2. Trasforma le frasi come nell'esempio:

es. Paola va a Firenze la settimana prossima =>
Credo che Paola *vada* a Firenze la settimana prossima

1. Luca e tu dovete studiare di più. =>
2. Massimo fa molto sport. =>
3. I nostri amici non possono uscire stasera. =>
4. Tu non vuoi prestarmi il motorino. =>
5. Lei esce molto spesso. =>
6. Mia sorella non dice la verità ai nostri genitori. =>
7. Tu non tieni in conto il suo punto di vista. =>
8. Voi non sapete bene la lezione su Dante. =>
9. Mio padre rimane a Milano per lavoro stasera. =>
10. Suo fratello non sta molto bene. =>
11. Francesca dà lezioni di pattinaggio. =>
12. Alice e suo fratello vengono con noi in montagna. =>
13. Oggi Paola è stanca. =>
14. Voi avete troppi compiti. =>
15. A Chiara piace la letteratura italiana. =>

3. Completa le frasi con la forma giusta.

es. penso (io - essere) sincero => Penso <u>di</u> essere sincero. / Penso (tu - essere) bugiardo => penso <u>che</u> tu sia bugiardo.

1. Penso (*lui - avere*) .... spesso ragione.
2. Crediamo (*noi - venire*) .... stasera.
3. Professoressa, ci sembra (*lei - essere*) .... troppo severa.
4. Oggi non mi sento bene, penso (*io - rimanere*) .... a casa.
5. Mi pare (*io – ricordare*) .... l'indirizzo di Paola. Non abita a Padova?
6. I miei genitori pensano (*io - fare*) .... troppe attività.
7. I miei genitori pensano (*loro – avere*) .... sempre ragione.
8. Non vi sembra (*noi – studiare*) .... poco?
9. Pensate (*voi – andare*) .... in vacanza in Italia quest'estate?
10. Ci pare (*voi – uscire*) .... troppo spesso.

2. I PRONOMI RELATIVI

"Avevo delle foto bellissime di Firenze **che** mi ha mandato Chiara." / "Questo è uno dei motivi **per cui** litigo spesso con i miei."

4. Completa con CHE o con CUI e la preposizione giusta:

1. È la ragazza .... ti ho parlato ieri.
2. Il libro .... mi hai prestato è molto bello.
3. Il motivo .... ti chiamo è che avrei bisogno di un favore.
4. La mia amica .... studia a Firenze si chiama Martina.
5. Ho letto un fumetto .... racconta la storia d'Italia.
6. Come si chiama il ragazzo .... ti ho vista ieri?
7. Ci sono molte ragioni .... litigo con i miei genitori.
8. Il canto .... ci sarà il compito domani è quello di Minosse.
9. È uno scrittore .... non ho mai letto niente.
10. La ragazza .... ti ho presentato si chiama Alessia.

5. Trasforma le frasi come nell'esempio.

*es. Ieri ho conosciuto una ragazza. Questa ragazza si chiama Annalisa => La ragazza **che** ho conosciuto ieri si chiama Annalisa*

1. Mi hai consigliato un libro. Questo libro è molto interessante => Il libro...
2. Sabato sei venuto alla festa con una tua amica. La tua amica è molto carina => L'amica con...
3. Vado tutti i sabati da Franco. Franco è il mio migliore amico. => L'amico da...
4. Ho messo i libri nello zaino. Lo zaino è sul tavolo => Lo zaino in...
5. Ieri ho visto un film. Tu mi hai parlato di questo film. => Ieri ho visto il film di...

3. I SUFFISSI DIMINUTIVI, ACCRESCITIVI, PEGGIORATIVI

"Aspettate un **attimino**." / "Anche per me è un **periodaccio** con i miei."

6. Scegli la forma giusta.

1. La mia Divina Commedia pesa tre chili. È proprio un *libretto / librone*.
2. Ho troppi esami e ho anche litigato con la mia ragazza. Che *momentaccio / momentino*!
3. Carla si sta preparando. Puoi aspettare un *momentaccio / momentino* giù?
4. Mamma, non parlarmi così! Non sono più un *ragazzone / ragazzino*.
5. Hai visto il figlio di Luisa? È cresciuto tantissimo. È diventato un *ragazzone / ragazzino*.
6. Hai visto che grazioso questo *gattino / gattaccio*?
7. Non trovo più il mio *quadernetto / quadernone*. È piccolo, azzurro.

7. Inserisci **tuttavia (però, eppure), allora (quindi)** nelle frasi:

1. Paola è simpatica .... qualche volta mi fa arrabbiare.
2. Carlo è sempre allegro .... lo invito sempre alle mie feste.
3. Mia madre non si arrabbia spesso .... quando si arrabbia è terribile!
4. Mio padre si arrabbia quando sto troppo al telefono .... chiamo i miei amici quando lui non c'è.
5. Mio fratello pensa che io sia permaloso .... io non credo di esserlo.

il Duomo

Unità 9

Ciao ragazzi!

Milano

Galleria Vittorio Emanuele

sfilate di moda

sfilate di moda

La Scala

Il duomo di Milano

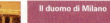

La Scala

Il grattacielo Pirelli

Vado nei negozi e faccio acquisti.
Parlo della moda e dell'abbigliamento.
Parlo di alcune professioni.
Esprimo apprezzamento e disgusto.

Il congiuntivo passato
Come se + congiuntivo imperfetto
La forma passiva e la preposizione *da*
Altri usi della preposizione *da*

Per te è importante la moda? Perché?

Come ti vesti?

VIVERE A MILANO DEV'ESSERE STUPENDO

Francesco, Massimo, Alice, Simona e Barbara si sono dati appuntamento in un centro commerciale. Sono davanti alla vetrina di un negozio di abbigliamento. **TR 53**

Alice	Simona, guarda quella gonna a fiori! È fantastica!
Francesco	Sì, ma hai visto il prezzo?
Alice	Eh, già. Non vedo l'ora che ci siano i saldi di fine stagione.
5 **Simona**	Ho un'idea: la settimana prossima sarò a Milano con mia madre. Andremo sicuramente nel negozio di mia zia. Se volete, posso comprare qualcosa anche per voi. Mia zia ci farà sicuramente uno sconto.
10	
Massimo	Perché? Che tipo di negozio ha tua zia?
Simona	Ha un negozio di abbigliamento per giovani. Poi sua figlia, cioè mia cugina, è stata assunta da uno stilista come disegnatrice di moda.
15	
Alice	Davvero, chissà come sarà elegante, allora!
Simona	Boh, si veste sempre come se fosse una top model anche solo per andare al supermercato. Viene chiamata Miss Eleganza dalle sue amiche che la prendono in giro.
20	
Barbara	O l'invidiano…

25 **Francesco**	Che noia le ragazze troppo sofisticate! Io preferisco quelle acqua e sapone.
Barbara	Che studi ha fatto tua cugina? Anche a me piacerebbe lavorare nella moda un giorno…
Simona	Credo che abbia fatto l'università della moda a Milano.
30	
Barbara	Beata lei! Vivere a Milano dev'essere stupendo per chi ama la moda.
Francesco	Guardate quegli occhiali da sole, che brutti! Sono ridicoli!
35 **Massimo**	Non capisci niente! Sono molto di moda.
Alice	A me invece fanno schifo.
Simona	Anche a me.
Barbara	Ragazzi, io, Alice e Simona andiamo a provare dei vestiti. Ci vediamo in paninoteca tra mezz'ora.
40	
Francesco	Dove? Alla paninoteca del secondo piano accanto alle scale mobili?
Massimo	Io intanto vado ad ascoltare qualche cd in quel negozio là. Mi è stato consigliato da un musicista con cui suono ogni tanto.
45	
Francesco	Vengo con te.

Non vedo l'ora di… / che….	Le sue amiche la prendono in giro	Sono di moda
Chissà come sarà elegante!	Che noia!	A me invece fanno schifo
Come se fosse una top model	Acqua e sapone*	Intanto…

1. Cosa guardano i ragazzi all'inizio?
2. Perché Alice non può comprare la gonna a fiori?
3. Dove deve andare la settimana prossima Simona con sua madre?
4. Cosa propone agli amici?
5. Perché gli fa questa proposta?
6. Che lavoro fa la cugina di Simona?
7. Dove ha studiato?
8. Come si veste?
9. Come reagiscono le sue amiche?
10. Che tipo di ragazze preferisce Francesco?
11. Cosa vorrebbe fare Barbara in futuro?
12. Gli amici hanno lo stesso parere sugli occhiali da sole che sono in vetrina?
13. Cosa decidono di fare le ragazze?
14. E Massimo?
15. Dove si danno appuntamento?

1. Quando esci con i tuoi amici, dove vi incontrate?
2. Cosa fate insieme?
3. Chi sceglie i tuoi vestiti? Tu o i tuoi genitori?
4. Dove vai a comprare i tuoi vestiti? In un negozio, in un centro commerciale…?
5. Compri anche su Internet? Che cosa? E perché?
6. Spendi molto per vestirti?
7. Quando compri un vestito o un paio di scarpe, decidi da solo(a) o chiedi consiglio a qualcuno?

Tre ragazzi/e sono in un centro commerciale a Milano.

A guarda dei pantaloni in una vetrina.
B dice che li trova stupendi.
C dice che li trova orribili.
A vuole entrare a provarli e chiede a B e a C di accompagnarlo(la).
B dice che ci va volentieri e che vuole provare una maglietta.
C dice che preferisce andare al negozio di dischi per ascoltare un po' di musica.
A dice che possono darsi un appuntamento in paninoteca.
C chiede quanto tempo ci metteranno a provare i vestiti.
B pensa che ci vorrà circa mezz'ora.
C chiede a A e B di mandargli(le) un sms quando usciranno dal negozio.

* una ragazza che ha un viso pulito, che non si trucca né si profuma molto.

VIVERE A MILANO DEV'ESSERE STUPENDO

COMUNICHIAMO

Descrivere i vestiti			
Porto Indosso Ho	una gonna	lunga / corta	a fiori / a righe / a pois
	dei pantaloni / dei jeans	rossi / neri / bianchi / azzurri / grigi / gialli	
	un maglione / un golf / una giacca / una maglietta / una camicetta / una camicia	verde / marrone / celeste blu / rosa / viola / beige	di lana / seta / cotone / velluto / viscosa / pelle
	delle scarpe	da ginnastica / con i tacchi	

"Guarda quella gonna a fiori!"

1. Come sei vestito(a) oggi? Descrivi anche quello che indossa il tuo(a) compagno(a) di banco.

2. Come ti piace vestirti? Cosa ti piace mettere?

sportivo / elegante / classico / moderno / originale / gotico / etno / casual

3. Cosa indossi in queste occasioni? Parlane con un(a) compagno(a) o con la classe.

Matrimonio di un parente / festa di compleanno di un amico / concerto rock / serata a teatro / serata in pizzeria / per andare a scuola / la domenica / per fare sport

Esprimere apprezzamento o disgusto
Che bello! Che meraviglia! / Che bellezza! È fantastico / stupendo / bellissimo / meraviglioso! Com'è bello! Mi piace / piacciono da morire!
Che brutto / orrendo / orribile! È tremendo / bruttissimo! Com'è brutto! Mi fa / fanno schifo!

"È fantastica!"/"Che brutti! Sono ridicoli!"/"A me fanno schifo."

4. Cosa dici in queste occasioni?

- Sei davanti ad una vetrina con un(a) amico(a) e vedi un paio di scarpe da ginnastica che ti piacciono moltissimo.
- Incontri un(a) caro(a) amico(a) che non vedi da molto tempo.
- Il tuo migliore amico indossa una giacca orribile.
- La tua migliore amica porta una gonna molto bella.

5. Pensa a delle occasioni in cui puoi dire queste frasi e poi confronta con i compagni.

Che belli! / Che brutti! / Mi fanno schifo! / Sono stupende! / È tremendo! / Che meraviglia!

Fare acquisti in un negozio di abbigliamento e/o di calzature	
Buongiorno, vorrei vedere la gonna a fiori / i jeans neri che è / sono in vetrina.	Va bene, che taglia?*
Vorrei provare delle scarpe marroni / degli stivali neri con il tacco basso / alto.	Che numero?
Volevo vedere un maglione pesante. Vorrei una giacca.	Sì, di che colore? Come la / lo vuole? Le piace questo modello? Lo / la vuole provare?
Quanto costa / costano? Quanto viene / vengono?	150 euro.

* La taglia 42 italiana corrisponde alla 38 europea.

"Andiamo a provare dei vestiti."

6. Completa i dialoghi.

A

Barbara:	Io vorrei ... quei ... neri.
Alice:	Che belli! Entriamo, dai!
Barbara:	Allora? Come mi ...?
Alice:	...!
Barbara:	Però sono un po'...
Alice:	Sì, ma ti ... talmente bene. Devi assolutamente prenderli.
Barbara:	Ma non saprei, non voglio spendere tutta la paghetta di un mese!
Alice:	Magari puoi aspettare i ...
Barbara:	Sì, credo che sia meglio...

B

Commesso:	Buongiorno.
Anna:	Buongiorno, ... vedere una ...
Commesso:	Sì, come la vuole? Lunga o corta?
Anna:	..., nera o blu, per favore.
Commesso:	Che ... ...?
Anna:	La 42.
Commesso:	Questo ... le piace?
Anna:	Sì, molto. Quanto ...?
Commesso:	... 80 euro.

C

Carlo:	Ciao.
Commesso:	Ciao, posso esserti utile?
Carlo:	Volevo ... quei ... verdi che sono in ....
Commesso:	Quali? Quelli con le tasche o quelli chiari più semplici?
Carlo:	Quelli ... le ....
Commesso:	Li vuoi ...?
Carlo:	Sì, grazie.
Commesso:	Puoi andare là, nel camerino.

7. Con un(a) compagno(a). Scegliete una delle seguenti situazioni e create un dialogo:

1. Due amici(amiche) entrano in un negozio per provare un maglione. È piuttosto caro e uno dei due suggerisce di chiedere alla mamma un po' di soldi.
2. Una persona entra in un negozio e chiede al commesso di provare dei pantaloni. Dà la propria taglia e chiede il prezzo.

INTERMEZZO

 TR 54 I GIOVANI E I CENTRI COMMERCIALI

I giovani sedotti dai centri commerciali che vengono visti come 'villaggi turistici' e dove i ragazzi 'consumano' il loro tempo libero sognando virtualmente una vita diversa fatta di vetrine luccicanti ed oggetti alla moda.

Ben 7 ragazzi su 10 frequenta settimanalmente un centro commerciale e equivale alla frequenza giovanile relativa ai pub e alle discoteche.

I dati provengono da un'indagine della Regione Lazio (...) condotta in 14 centri commerciali della regione e su un campione di più di mille adolescenti e giovani dai 12 ai 20 anni; l'indagine costituisce il primo studio europeo volto a rilevare il rapporto tra i giovani e i centri commerciali.

Nei fine settimana, infatti, migliaia di ragazzi si riversano nei più importanti 'shopping mall' della regione divenuti punti di aggregazione e socializzazione per i giovani e gli adolescenti.

Da: http://viterbo.metropolisinfo.it

8. Dopo aver letto l'articolo indica quali sono le affermazioni giuste.

1. I giovani sono sedotti dai centri commerciali dove passano molto tempo.
2. I ragazzi preferiscono andare al centro commerciale piuttosto che in discoteca o nei pub.
3. Questa indagine è stata fatta su un campione di più di mille ragazzi.
4. Non è la prima volta che viene studiato, in Europa, il rapporto tra giovani e centri commerciali.

REPARTI:

1	PUNTO ACCOGLIENZA	6	INTIMO	
2	TV/HI FI/TELEFONIA	7	PROFUMERIA	
3	GIOCATTOLI/FERRAMENTA AUTO ACCESSORI/GIARDINAGGIO	8	ENOTECA-PUB	
4	PICCOLI ELETTRODOMESTICI	9	MACELLERIA SELF-SERVICE	
5	CASALINGHI	10	MACELLERIA	

11	PESCHERIA	16	GASTRONOMIA SALUMI-FORMAGGI
12	FRUTTA E VERDURA	17	BEVANDE
13	PASTICCERIA-PANETTERIA	18	ALIMENTARI
14	SURGELATI	19	DETERSIVI
15	YOGURT-LATTICINI	20	TESSILE
		21	CASSE

iperfamila

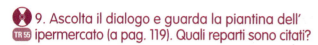

9. Ascolta il dialogo e guarda la piantina dell' ipermercato (a pag. 119). Quali reparti sono citati?

10. Ascolta i dialoghi. In quali negozi vanno le persone? Di quali oggetti parlano?

11. Quali negozi ci sono nella tua strada? A meno di duecento metri dalla scuola? Nella via più frequentata del quartiere? della città? Ci sono dei centri commerciali vicino a dove abiti?

12. Fai il test. Dimmi come ti vesti e ti dirò chi sei…

Negli ultimi anni il famoso detto "l'abito non fa il monaco" non solo ha perso di significato, ma è diventato completamente fuori luogo. Nella società attuale l'abito ha un'importanza essenziale. Il concetto dell' "essere" ha lasciato spazio all' "apparire". Troppo spesso infatti cogliamo o perdiamo occasioni a seconda di come veniamo giudicati alla prima impressione.

1. Quanto tempo dedichi la mattina alla cura della tua persona?
Tutto il tempo che mi occorre   A
Il giusto per essere ordinato e presentabile   B
Il minimo indispensabile per non uscire in pantofole   C

2. Quanto, in percentuale, dei tuoi soldi dedichi all'abbigliamento?
Tutto il possibile, a volte anche di più   A
Il giusto senza restare al verde*   B
Lo stretto necessario per non rimanere in mutande!   C

3. Il tuo look deve necessariamente essere:
originale e aggressivo   A
classico e sobrio   B
semplice e confortevole   C

4. I colori predominanti del tuo guardaroba:
mille colori   A
soprattutto in nero   B
non lo so   C

5. Il look che non sopporti:
Quello che era di moda l'anno scorso   A
Quello eccessivo: o troppo elegante
o troppo trascurato   B
Non ti interessa il look   C

Maggioranza di risposte A. *Sei un personaggio originale e un po' eccessivo. In fatto di abbigliamento (e non solo!) ami tutto ciò che è bello e di moda. Sei "trendy" ed eccentrico.*

Maggioranza di risposte B. *Sei una persona che sa accontentarsi di quello che ha. Non spendi troppo e preferisci l'abbigliamento sobrio. Sei classico e misurato.*

Maggioranza di risposte C. *Non dai molta importanza ai vestiti e non spendi praticamente niente per l'abbigliamento. Per te davvero l'abito non fa il monaco o sei semplicemente un po' avaro?*

Restare al verde: restare senza soldi

Adattato da **LIBERO**

13. Leggi i due brani tratti da un romanzo italiano (a cui si è ispirato anche un film di grandissimo successo in Italia): come sono vestiti la ragazza e il fratello di Paolo?

Ma adesso? Adesso che mi metto? Salopette di jeans? Aprì di corsa l'ultimo cassetto. La tirò fuori scolorita, corta e spiegazzata, proprio come la odia sua madre. (…) In un attimo fu pronta. Si guardò allo specchio. Perfetta.

Paolo guardò meglio il fratello. "So solo che ti vesti sempre così male, con questi giubbotti scuri, con i jeans, le scarpe da ginnastica. Sembri proprio un teppista."

da F. Moccia, *Tre metri sopra il cielo*, Feltrinelli 2006

Teppista: piccolo delinquente

LO SAI CHE…?

Milano è la capitale della moda in Italia. A Milano sono organizzate ogni anno sfilate importantissime (es. la Settimana della moda) in cui vengono presentati i vestiti dei più grandi stilisti italiani: Versace, Armani, Dolce e Gabbana, Diesel, Trussardi, Prada… La strada con i negozi più eleganti è via Monte Napoleone.

14. Guarda questi titoli di giornale. Di cosa parlano, secondo te, gli articoli?

Milano Moda Donna
tacchi, microgonne e tanto colore (L'Espresso)

Moda uomo: la capitale è Milano
(www.panorama.it)

Gli stranieri ci vedono così: abbronzati e con gli occhiali da sole anche d'inverno, elegantissimi ma troppo vanitosi e anche un po' esibizionisti.
(www.corriere.it)

L'altra Milano: perché non ci sono solo gli aperitivi e lo shopping (Corriere della Sera)

Ferrari, Prada, e tanto altro ancora: il "made in Italy" in cima ai sogni di lusso segreti degli Europei (www.corriere.it)

Milano dice no all'anoressia: sulle passerelle sfilano solo modelle a partire dalla 42
(Corriere della sera)

15. Leggi l'articolo e rispondi alle domande:
TR 57

Renzo Rosso, fondatore di Diesel. L'italiano che è riuscito a vendere i jeans agli americani

Il creatore di Diesel è Renzo Rosso. Nato nel nord-est italiano, ha sempre avuto le idee chiare sul suo futuro: lavorare nella moda. Ha frequentato una scuola di manifattura tessile industriale e dopo essersi diplomato ha iniziato a realizzare i propri vestiti e ha creato la sua società di jeans che ha conquistato rapidamente il mondo giovanile. Nel 1996, Renzo Rosso e Diesel hanno ricevuto il "Premio Risultati" dalla prestigiosa Università Bocconi di Milano per essere la "Best Italian Company of the Year". Renzo è stato anche nominato da Ernst & Young America come "Imprenditore dell'anno" nel 1997 per la forte crescita registrata dalla società negli Stati Uniti d'America. Renzo è un uomo appassionato e idealista, che crede che chi vuole veramente qualcosa lo può ottenere lavorando, e il cui motto è "Diesel non è la mia società, è la mia vita".

Da www.fashionsummit.it

1. Chi è Renzo Rosso?
2. Che tipo di studi ha fatto? Perché?
3. Quali sono i tratti principali del suo carattere?
4. Qual è, secondo lui, la chiave del successo?
5. Qual è il suo motto, cioè la frase che preferisce?

E tu?
1. Conosci la marca Diesel? Conosci altri nomi di stilisti italiani?
2. Sei d'accordo con Renzo Rosso sul fatto che grazie al lavoro si può ottenere molto?
3. Hai già un'idea del lavoro che ti piacerebbe fare più tardi?
4. Ti piacerebbe lavorare nella moda?

16. Ascolta delle persone che parlano della loro professione. Che lavoro fanno? Guarda nella lista.
TR 58

Farmacista	Impiegato(a)	Attore (attrice)
Giornalista	Contadino(a)	Pittore (pittrice)
Dentista	Operaio(a)	Parrucchiere(a)
Commesso(a)	Meccanico(a)	Cameriere(a)

17. Riascolta. Quali di questi aggettivi hai sentito nominare? A quale professione si riferiscono?
TR 59

faticoso / interessante / noioso / pagato bene / pagato male / precario / stabile / ripetitivo

Conosci altri nomi di professione? Quali?

LA LINGUA ITALIANA

1. IL CONGIUNTIVO PASSATO p. 185

"**Credo che abbia fatto** l'università della moda a Milano."

 1. Completa le frasi mettendo al congiuntivo passato i verbi in parentesi:

1. Credo che ieri Paolo e Carla (*andare*) .... a vedere una sfilata di moda.
2. Pensate che ieri sera io (*vestirsi*) .... troppo sportiva?
3. Mi sembra che Alessandro Manzoni (*scrivere*) .... più versioni dei Promessi Sposi.
4. Simona crede che il suo ragazzo le (*comprare*) .... un anello ma invece penso che le (*regalare*) .... una collana.
5. Credo che il matrimonio di Gino e Luisa non (*essere*) .... nel 2004 ma nel 2003.
6. Non ti ha fatto piacere che Stefano (*venire*) .... a trovarti, l'estate scorsa?
7. Suppongo che stamattina Silvia (*arrivare*) .... ancora in ritardo.
8. Penso che Paola (*laurearsi*) .... in architettura nel 2005.
9. Ci ha fatto piacere che nel fine settimana voi (*andare*) .... a Milano: è una città molto interessante, vero?

2. LA FORMA PASSIVA Gr p. 187

"Mia cugina **è stata assunta da** uno stilista" / "**Viene chiamata** Miss Eleganza **dalle** sue amiche" / "Mi **è stato consigliato da** un musicista."

2. Trasforma le frasi secondo il modello:

*es. Questo negoziante vende i vestiti a prezzi bassissimi. => I vestiti **sono venduti** a prezzi bassissimi **da** questo negoziante.*

1. I miei genitori accompagnano Michela a casa.
2. L'organizzatore conta gli spettatori.
3. Al ristorante mio padre paga il conto.
4. Quest'agenzia vende gli appartamenti più cari del quartiere.
5. L'impresa Forno costruisce le case più comode della città.
6. Mia nonna canta le più belle canzoni napoletane.
7. Il dottor Merli cura tutti i membri della mia famiglia.

8. Il mio fratello maggiore non riconosce i nostri vecchi compagni di scuola.
9. Stefania sceglie dei nuovi vestiti per la festa.
10. Molti turisti visitano il Duomo di Milano.

*es. Per i saldi la zia di Simona assume dei nuovi commessi => Per i saldi dei nuovi commessi **sono assunti dalla** zia di Simona.*

11. I nonni promettono molti regali ai nipotini per Natale.
12. La mamma sceglie i vestiti di Stefania.
13. Il presidente offre il rinfresco alla fine della riunione.
14. La nostra segretaria scrive delle lettere.
15. Questa pittrice dipinge i luoghi più caratteristici della città.
16. Il cameriere aggiunge la panna montata al gelato.
17. L'inquinamento distrugge i più bei monumenti.
18. L'avvocato Monti non prende le decisioni più importanti.
19. Tutti gli studenti italiani leggono i Promessi sposi.
20. La tv trasmette le notizie più importanti.

3. Ora trasforma al passato le frasi dell'esercizio precedente.

*es. Per i saldi la zia di Simona ha assunto dei nuovi commessi => Per i saldi dei nuovi commessi **sono stati assunti dalla** zia di Simona.*

4. Trasforma le frasi usando l'ausiliare **venire** (al modo e al tempo giusto) al posto di **essere** come nell'esempio:

*es: Questa sfilata è organizzata ogni anno a Milano => Questa sfilata **viene** organizzata ogni anno a Milano*

1. Carlo è rimproverato da suo padre.
2. Ogni anno Paola è invitata al compleanno di Luca.
3. Il mese prossimo questa pizzeria sarà venduta.
4. Una volta al mese il supermercato dove lavora mio padre è chiuso per inventario.
5. I miei occhiali da sole sono riparati dall'ottico.
6. Credi che questa gonna sia venduta a un prezzo troppo alto?
7. Le pile per gli orologi sono vendute dall'orologiaio.
8. Stasera Michela sarà accompagnata a casa da Fabio.
9. Questo centro commerciale è pulito ogni giorno da un'impresa di pulizia.
10. I miei compagni e io saremo tutti promossi?

5. Fai delle domande che hanno per risposta le frasi seguenti.

es. Siamo stati invitati da Luca. => Da chi siete stati invitati?

1. Siamo stati accompagnati al cinema dalla madre di Chiara.
2. Questa gonna è stata comprata da Marta.
3. Questi modelli sono stati disegnati dalla cugina di Simona.
4. I miei vestiti vengono spesso pagati da mia nonna.
5. La mia collana è stata riparata dal gioielliere del centro commerciale.
6. Questi modelli sono stati scelti da mia madre.
7. Il caffè ci viene spesso offerto dal fratello di Paolo, che fa il cameriere.
8. Gli impiegati di questa società sono stati chiamati dal direttore.
9. I quadri di questa galleria sono stati dipinti da un pittore giapponese.
10. I miei libri vengono spesso letti anche da mio fratello.

3. COME SE + CONGIUNTIVO IMPERFETTO *Gr* p. 185

"Si veste **come se fosse** una top model."

 6. Fai delle frasi come nell'esempio.

*es. Mia madre mi tratta come se (io / essere) un bambino => Mia madre mi tratta come se **fossi** un bambino.*

1. Angelo si comporta come se (*lui / essere*) .... un grande artista.
2. Carla si veste come se (*lei / avere*) .... dieci anni di più.
3. Mia madre ripete a mio fratello le cose mille volte come se (*lui / essere*) .... sordo.
4. L'insegnante mi ha ripetuto la regola come se (*io / non capire*) .... niente.
5. Paolo spende moltissimo per vestirsi, come se (*lui / guadagnare*) .... dei milioni!
6. Prendono sempre l'ombrello come se (*loro / temere*) .... la pioggia.
7. Hanno preso molti vestiti come se (*loro / dovere*) .... partire lontano per molto tempo.
8. La signora Maggi è magra e pallida come se (*lei / non mangiare*) .... abbastanza.
9. Silvia si veste sempre con eleganza come se (*lei / andare*) .... ad una festa ogni giorno.
10. Qualche volta mio padre mi parla come se (*io / avere*) .... 10 anni.

4. LA PREPOSIZIONE "DA" *Gr* p. 175

"È stata assunta **da** uno stilista" / "Viene chiamata Miss Eleganza **dalle** sue amiche" / "Guardate quegli occhiali **da** sole"

 7. Completa con le forme giuste: da o dal / dalla / dall' / dallo / dai / dagli / dalle.

1. La mattina questo negozio di abbigliamento è aperto .... nove all'una.
2. Conosci il Milan? È una delle squadre di calcio più amate .... italiani.
3. Ieri alcuni miei amici sono venuti .... me per preparare una ricerca sulla Lombardia.
4. Ti piacciono i miei occhiali .... sole?
5. Mike viene .... Stati Uniti o .... Inghilterra?
6. In via Monte Napoleone ci sono molti negozi eleganti di abbigliamento .... donna e .... uomo.
7. Per andare .... stadio di San Siro al centro di Milano si può prendere l'autobus.
8. Questa bellissima maglietta mi è stata regalata .... sorella di una mia amica.
9. Generalmente un impiegato di banca lavora .... lunedì al venerdì.
10. "Mi accompagni .... dentista?" "Mi dispiace ma non posso, ho molte cose .... fare."

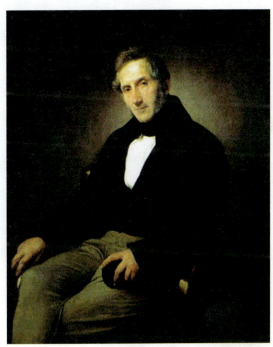

A. Manzoni

Sicilia

Unità 10

Ciao ragazzi!

Templi di Agrigento

Siracusa

l'Etna

teatro antico di Taormina

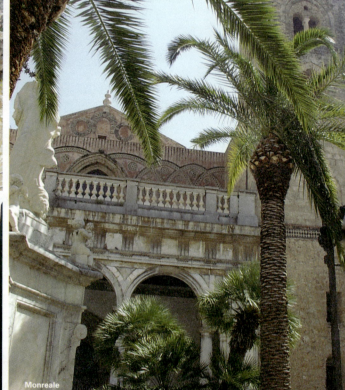
Monreale

Segesta

Un barcone di immigrati

Cefalù

Parlo di immigrazione e emigrazione.
Parlo di abitudini alimentari.
Parlo di un'azione appena finita.
Metto in relazione due azioni nel futuro.

Uso del gerundio per esprimere la causa
I pronomi accoppiati
Alcuni indefiniti (*nessuno, qualcuno, alcuni, qualche, qualsiasi*)
Usi di *appena*
I connettivi: *a patto che, purché, basta che, a condizione che*

Isole Eolie o Lìpari
(Messina)

Stromboli

Panarea

Alicudi Filicudi Salina
Lipari

Isola di Ùstica
(Palermo)

Vulcano

MAR TIRRENO

Golfo di
Milazzo

Golfo di
Patti

Messina Stretto di
Messina

Isola delle
Femmina

Golfo di
Castellamare

PALERMO

Golfo di
Termini
Imerese

MONTI PELORITANI

Isole Egadi Trapani

L. di Piana
degli Albanesi

MONTI NEBRODI

Montagna
Grande

Isola di Lèvanzo

Pizzo Carbonara
LE MADONIE

M. Castelli

M. Soro

Alcantara

M. Etna

Isola dello Stagnone

Rocca
Busambra

PZO. Cangialoso

M. Zimmara

Lago di
Pozzillo

MAR
IONIO

L. Aràncio

M. Cammarata

Enna

Catania

Caltanissetta

MONTI EREI

Gornalunga

Golfo di
Catania

MAR MEDITERRANEO

Agrigento

MONTI IBLEI

Golfo di
Augusta

Siracusa

Isola di Linosa

MAR DI SICILIA

Golfo di Gela

Ragusa

Golfo di
Noto

Isole Pelagie
(Agrigento)

Isola di Pantelleria
(Palermo)

Isola di
Lampione

Isola di Lampedusa

Ti piacerebbe andare a vivere in un altro paese?
Quale? Perché?

i cannoli

IL MIO SOGNO È ANDARE IN ARGENTINA

TR 60 La scuola è finita e Chiara è partita con la sua famiglia per trascorrere qualche giorno in Sicilia. Francesco telefona a Chiara.

Francesco	Pronto, Chiara?
Chiara	Ciao, Francesco, come va?
Francesco	Bene. Sei già tornata a Firenze?
Chiara	Eh no, partiamo dopodomani. Indovina dove sono?
5 Francesco	Sull'autobus? Sento molta confusione e gente che parla.
Chiara	Ma no! Sono a Mondello, la spiaggia di Palermo. Sono appena arrivata. È bellissima ma c'è troppa gente.
10	
Francesco	Sei con i tuoi genitori?
Chiara	No, sono venuta con mio fratello perché eravamo stufi di visitare tanti monumenti. Invece di andare con loro a Monreale abbiamo preferito venire qui.
15	
Francesco	Ma allora cosa fate?
Chiara	Prendiamo il sole e mangiamo granite: sono buonissime! Si mangia così bene in Sicilia! Avrò preso tre chili...
20	
Francesco	Non ho ricevuto nessuna cartolina da te. Come mai? Me l'avevi promessa!
Chiara	Strano, te l'ho mandata appena siamo arrivati a Taormina, prima di partire per Palermo.
25	
Francesco	Siete stati anche ad Agrigento?
Chiara	Sì, la conosci?
Francesco	Quando ero piccolo ci siamo andati per visitare il paese d'origine della famiglia di mio padre. Mi ricordo dei templi greci.
30	

Chiara	Quindi hai ancora dei parenti lì?
Francesco	No, ormai non ci abita più nessuno da molto tempo. Sono tutti emigrati: alcuni sono andati in Argentina, qualcuno in Germania o in Svizzera. Gli altri abitano a Roma.
35	
Chiara	Quindi avendo dei parenti in mezzo mondo puoi farti ospitare da loro. Che fortuna!
40 Francesco	Sì, il mio sogno è andare in Argentina. Prima o poi...
Chiara	Uffa, mi chiama mio fratello, vuole che vada a fare il bagno con lui. Scusa, Francesco, ma devo andare.
45 Francesco	Un attimo! Ti ho telefonato perché faccio una festa per il mio compleanno, tra due settimane. Vieni?
Chiara	Sì, basta che i miei genitori siano d'accordo.
50 Francesco	Puoi dirlo anche a Pietro, Elena e Maria? Ho voglia di rivedere anche loro.
Chiara	Certo, glielo dico appena arrivo a Firenze. Forse ci potrebbe accompagnare mia madre in macchina. Glielo chiedo stasera quando torno in albergo. Magari le farà piacere rivedere Roma.
55	
Francesco	Fammi sapere quanti sarete. Ci sentiamo presto.
Chiara	Te lo dirò appena saprò qualcosa. Ciao.
Francesco	Buon bagno!

Indovina dove sono?	Sono tutti emigrati	Magari gli farà piacere
Invece di...	Prima o poi...	Glielo dico = lo dico loro
Avrò preso tre chili...	Uffa!	(Nell'italiano di oggi 'loro' si usa molto raramente all'orale)

1. Dove si trova Chiara?
2. Con chi è?
3. Dove sono i genitori dei due ragazzi?
4. Cosa fanno Chiara e suo fratello?
5. Perché Francesco parla di una cartolina?
6. Da dove è stata spedita?
7. Cosa aveva visitato in Sicilia Francesco quando era piccolo?
8. Dove sono emigrati i suoi parenti?
9. Perché Chiara dice che è fortunato ad avere parenti che abitano in altri paesi?
10. Qual è il sogno di Francesco?
11. Perché Chiara deve chiudere la telefonata?
12. Cosa organizza Francesco?
13. Chi vuole invitare per il suo compleanno?
14. A che soluzione pensa Chiara per andare a Roma con gli amici?
15. Quando richiamerà Francesco?

1. Conosci persone che hanno lasciato il loro paese per venire nel tuo?
2. E persone del tuo paese che sono andate ad abitare all'estero?
3. Perché, generalmente, alcune persone emigrano in altri paesi? (lavoro, ragioni politiche, famiglia...)
4. Quando sarai più grande, ti piacerebbe lavorare in un altro paese? Quale e perché?
5. Quali paesi stranieri conosci?
6. Tra i tuoi sogni, hai quello di visitare un altro paese? Quale? Perché?

Completa il riassunto.

Chiara si trova in Sicilia, in vacanza con la sua famiglia. Francesco le telefona mentre lei è sulla spiaggia di Palermo con suo fratello. Lei gli dice che hanno preferito...
Francesco si lamenta perché non ha ricevuto nessuna cartolina ma Chiara...

Francesco chiede a Chiara se è stata ad Agrigento e le racconta che da piccolo...
La telefonata si conclude perché...
Francesco invita...
Lei dice che chiederà a sua madre...
Francesco le augura un buon bagno.

IL MIO SOGNO È ANDARE IN ARGENTINA

COMUNICHIAMO

Esprimere insofferenza

Uffa!
Sono stufo(a) di visitare musei!
Ne ho abbastanza di questa città!
Non ho voglia di venire da te.

"Eravamo stufi di visitare tanti monumenti."
"Uffa, mi chiama mio fratello."

1. Immagina queste situazioni. Cosa dici?

1. Hai camminato tutto il giorno, ti fanno male i piedi, arrivi a casa e tua madre ti chiede di scendere a comprare il pane.
2. L'insegnante ti comunica che ci sarà ancora un'interrogazione la settimana prossima. Ne hai avuta una anche la settimana scorsa.
3. Tuo fratello / tua sorella ascolta da stamattina la stessa canzone.
4. Non vuoi andare a visitare Monreale e tua madre insiste.
5. Sei sulla spiaggia, tuo padre ti dice che devi mettere la crema.

2. Completa liberamente:

1. Mamma: Dai, visitiamo anche questa chiesa.
   Clara: Basta, mamma, ...! Ne abbiamo già visitate tante!
2. Franco: Allora ci vediamo a casa mia stasera?
   Marta: No, scusa .... Preferisco che ci vediamo in piazza.
3. Mamma: Paolo, metti in ordine la tua camera e poi finisci i compiti!
   Paolo: ....! Sempre qualcosa da fare. Non posso mai stare tranquillo!

Porre una condizione

Ti presto il mio vocabolario d'italiano **a patto che / a condizione che / basta che** tu me lo restituisca domani.

"Basta che i miei genitori siano d'accordo."

3. Completa le frasi a piacere (puoi usare le parole del riquadro):

es. ... a condizione che non piova (andare in spiaggia)
=> *Andrò in spiaggia a condizione che non piova.*

1. .... basta che mia madre mi accompagni in macchina.
2. .... a condizione che ci sia il sole.
3. .... a patto che tu lo sappia guidare.
4. .... basta che non arriviamo in ritardo.
5. .... a patto che finiamo prima i compiti.
6. .... purché tu non lo ripeta a nessuno.

raccontare un segreto / andare a piedi / venire a casa tua / prestare il mio motorino / andare in piscina / uscire con gli amici

Indicare che un'azione è successa da poco

Ho **appena** letto l'ultimo libro di Tabucchi.

"È tornata Carla?" "Sì, è **appena** arrivata."

"Sono appena arrivata."

4. Guarda i disegni. Cosa hanno appena fatto queste persone? Se vuoi, puoi usare queste parole:

litigare / discutere / lasciarsi / fare il bagno / nuotare / essere promosso / superare gli esami / finire la scuola

Mettere in relazione due azioni nel futuro

Ti telefonerò **quando / appena** potrò.

"Te lo dirò appena saprò qualcosa."

5. Completa liberamente le frasi. Poi confronta con un(a) compagno(a).

Mi comprerò il motorino...
Andrò in vacanza...
Telefonerò alla mia amica...
Studierò un'altra lingua...
Mi sposerò...

Indicare un'alternativa

Invece di cenare a casa, perché non andiamo in pizzeria?

"Invece di andare con loro a Monreale abbiamo preferito venire qui."

6. Con un(a) compagno(a) o a turno, fate delle domande e proponete delle alternative.

es. cinema / un film a casa => "Ti va di andare al cinema stasera?" "Invece di andare al cinema perché non guardiamo un film a casa?"

Piscina / spiaggia   museo / duomo
TV /radio   email / telefono
gelato / panino

INTERMEZZO

7. Chiara e la sua famiglia hanno passato il loro ultimo giorno in Sicilia a Erice. La mattina hanno visitato il centro medievale e ora sono in un ristorante tipico. Ascolta la conversazione e indica quali piatti del menù nominano:

(TR 61)

MENÙ

Primi
- Pasta alla Norma, con pomodoro, melanzane e ricotta
- Pasta con le sarde
- Pasta con il pesto trapanese

Secondi
- Pescespada grigliato
- Tonno alla messinese con pomodoro olive
- Capretto o agnello al forno con patate

Dolci
- Cassata siciliana
- Cannoli
- Granite alla mandorla, al caffè o al limone.

Il suggerimento dello chef:
...

8. Ascolta la conversazione e indica se le affermazioni sono vere o false:

(TR 62)

1. L'ingrediente principale del pesto alla trapanese sono le mandorle.
2. La specialità della casa è il cuscus di agnello.
3. Tutta la famiglia ordina il cuscus.
4. Da bere ordinano una bottiglia di acqua minerale e un quarto di vino rosso.
5. La cassata e i cannoli sono a base di ricotta fresca
6. Il padre di Chiara preferisce non ordinare subito il dessert.

E tu?

Quali dei piatti del menù (a pag.131) ti ispirano?
Quali non ti piacciono? Perché?
Ti piace provare piatti nuovi?
Vai a mangiare fuori qualche volta? Con chi? Dove?

Immagina di ricevere un amico italiano nella
tua regione. Quali specialità gli faresti provare?
Quali sono gli ingredienti principali?

Ci sono piatti della cucina della tua famiglia che
ti piacciono particolarmente o che non sopporti?
Quali sono gli ingredienti principali? Che cosa faresti
provare a un tuo amico invitato a cena?

**Ecco la ricetta della granita, un tipico dolce siciliano
che puoi fare anche tu.**

Granita di limone alla siciliana

Dosi per 4 persone
acqua minerale naturale 8 dl
zucchero 300 g
succo di limone 4 dl

Esecuzione:
*Mettete in una pentola l'acqua minerale e lo
zucchero, ponete sul fuoco, portate ad ebollizione e
lasciate cuocere per circa 5 minuti mescolando ogni
tanto, per sciogliere lo zucchero.
Lasciate raffreddare, aggiungete il succo di limone,
quindi ponete nel freezer a congelare, mescolando
ogni 30 minuti, fino a quando si sarà formata la
granita. Dividete in 4 bicchieri individuali e servite.*

Conosci delle ricette? Ti piace cucinare?

🎧 9. Chiara e la sua famiglia sono all'aeroporto
TR 63 Falcone Borsellino a Palermo e stanno per
tornare a Firenze. Ascolta e completa:

Numero volo	Ora di partenza	Ora di arrivo	Porta d'imbarco
AZ			

LO SAI CHE...?

L'aeroporto di Palermo
Punta Raisi è stato
rinominato da qualche
anno Aeroporto Falcone
Borsellino in onore ai
due giudici palermitani
(Giovanni Falcone e Paolo
Borsellino) uccisi dalla
mafia nel 1992.

Emigrazione ed immigrazione

Tra il XIX e il XX secolo moltissimi italiani sono emigrati all'estero. Dalla fine del XIX secolo agli anni 30 si parla della *grande emigrazione*: spinti dalla povertà e dalla speranza di una vita migliore, gli italiani sono andati in massa in America del Sud e del Nord. Queste partenze erano quasi sempre definitive, a causa delle grandissime distanze, e chi lasciava l'Italia non tornava più.

Durante il ventennio fascista (1923-1943) molti avversari di Mussolini si sono rifugiati all'estero e in particolare in Francia, come Sandro Pertini (1896-1990) che è diventato poi Presidente della Repubblica (1978-1985).

Nella seconda metà del XX secolo si parla di *emigrazione europea*. Gli italiani emigravano in paesi europei in pieno sviluppo che avevano bisogno di mano d'opera: Francia, Belgio, Germania, Svizzera. Quasi tutti pensavano di tornare in Italia, dopo un periodo di lavoro, ma molti di loro sono rimasti nei paesi che li avevano ospitati.

Oggi gli italiani non partono più in massa a cercare fortuna all'estero. L'Italia è diventata invece terra di immigrazione. Moltissimi stranieri, in prevalenza albanesi, marocchini, rumeni ma anche ucraini o cinesi vengono in Italia, alcuni di loro per ragioni politiche ma la maggioranza per ragioni economiche e lavorative.

10. Leggi l'inizio della novella dello scrittore siciliano Leonardo Sciascia (1921-1989) e rispondi.

Il lungo viaggio

Stavano con le loro valigie di cartone e i loro fagotti[1], su un tratto di spiaggia pietrosa, riparata da colline, tra Gela[2] e Licata[3]: vi erano arrivati all'imbrunire[4] e erano partiti all'alba dai loro paesi (…). Qualcuno era la prima volta che vedeva il mare: e sgomentava[5] il pensiero di dover attraversarlo tutto, da quella spiaggia deserta della Sicilia, di notte, a un'altra spiaggia deserta dell'America pure di notte. Perché i patti erano questi: - Io di notte vi imbarco - aveva detto l'uomo - (…) e di notte vi sbarco: sulla spiaggia del Nugioirsi[6] a due passi da Nuovaiorche[7] (…) e chi ha parenti in America, può scrivergli che aspettino alla stazione di Trenton, dodici giorni dopo l'imbarco, certo il giorno preciso non posso assicurarvelo. (…) Un giorno in più un giorno in meno non vi fa niente: l'importante è sbarcare in America. (…)
Il viaggio <u>durò</u> meno del previsto: undici notti (…) All'undicesima notte il signor Melfa li <u>chiamò</u> in coperta[8]: (…) «Ecco l'America» <u>disse</u>. «Non c'è pericolo che sia un altro posto?» <u>domandò</u> uno. (…) Il signor Melfa lo <u>guardò</u> con compassione, <u>domandò</u> a tutti: «E lo avete mai visto, dalle vostre parti, un orizzonte come questo? E non lo sentite che l'aria è diversa? Non vedete come splendono questi paesi?» (…)

Perché i personaggi si trovano su una spiaggia? Da dove vengono? Dove sono diretti? Perché partono di notte? Chi è il signor Melfa?

Immaginate come continuerà la storia: dove andranno? Cosa faranno appena sbarcati? Quali difficoltà incontreranno? Confrontate con i compagni.

11. Leggi il seguito della novella:

<u>Scesero</u> dalla barca[9] leggeri leggeri, ridendo e canticchiando (…). Due <u>decisero</u> di andare in avanscoperta. (…) <u>Trovarono</u> subito la strada: «asfaltata, ben tenuta, qui è diverso da noi» ma per la verità se l'aspettavano più ampia, più dritta. (…) <u>Passò</u> un'automobile: «Pare una seicento»; e poi un'altra che pareva una millecento[10], e un'altra ancora: «le nostre macchine loro le tengono per capriccio, le comprano ai ragazzi come da noi le biciclette» (…) Ed ecco che finalmente c'erano le frecce. (…) <u>Si avvicinarono</u> a leggere Santa Croce Camarina-Scoglitti. «Santa Croce Camarina: non mi è nuovo questo nome.»
«Pare anche a me; e nemmeno Scoglitti mi è nuovo.»
«Forse qualcuno dei nostri parenti ci abitava, forse mio zio prima di trasferirsi a Filadelfia.»
«Anche mio fratello stava in un altro posto, prima di andarsene a Brucchilin[11] (…) e poi noi leggiamo Santa Croce Camarina, leggiamo Scoglitti; ma come lo leggono loro non lo sappiamo, l'americano non si legge come è scritto.»
«Già, il bello dell'italiano è questo: che come è scritto lo leggi…(…) Io la prima macchina che passa, la fermo: domanderò solo "Trenton"? Qui la gente è più educata.» (…)
Dalla curva a venti metri <u>sbucò</u> una cinquecento (…)
«Trenton?» <u>domandò</u> uno dei due.
«Che?» <u>fece</u> l'automobilista.
«Trenton? »
«Ma che Trenton!» <u>imprecò</u> l'uomo dall'automobile.(…) L'automobilista <u>chiuse</u> lo sportello (…) <u>gridò</u> ai due che rimanevano sulla strada come statue – «Ubriaconi! Cornuti ubriaconi! Cornuti e figli di …» (…)
«Mi sto ricordando» <u>disse</u> dopo un momento quello cui il nome di Santa Croce non risultava nuovo «a Santa Croce Camarina, un anno che dalle nostre parti <u>andò</u> male, mio padre ci <u>venne</u> per la mietitura.[12]»
<u>Si buttarono</u> come morti sull'orlo della strada: che[13] non c'era fretta di portare agli altri la notizia che erano sbarcati in Sicilia.

Da Leonardo Sciascia, *"Il lungo viaggio"* in *Il mare colore del vino*

---

[1] Pacchi
[2] Piccola città in provincia di Caltanissetta
[3] Piccola città in provincia di Agrigento
[4] La sera
[5] Sgomentare = fare paura
[6] New Jersey di cui è capitale Trenton
[7] New York
[8] sul ponte della nave
[9] nave
[10] macchine della Fiat dell'epoca
[11] Deformazione siciliana per Brooklyn
[12] Taglio del grano
[13] Che = perché

12. Cosa diranno i due "emigranti" agli amici che aspettano sulla spiaggia? Immaginate un dialogo.

 13. Ascolta l'intervista a Aleksander, un ragazzo albanese che vive in Italia, e rispondi alle domande:

1. In che anno è arrivato in Italia il padre di Aleksander?
2. Perché Aleksander sua madre e i suoi fratelli non sono andati in Italia con lui?
3. In che anno è arrivato in Italia Aleksander?
4. Parlava l'italiano prima di vivere in Italia?
5. A scuola quale materia non amava? Perché?
6. Quale materia invece gli piaceva? Perché?
7. Come erano i suoi compagni di scuola?
8. Che immagine aveva Aleksander dell'Italia prima di venirci ad abitare?
9. Come si sente ora in Italia?
10. Che cosa vuole studiare all'Università?
11. Dove vuole vivere dopo gli studi?

LA LINGUA ITALIANA

1. GERUNDIO DI CAUSA Gr p. 181

"**Avendo** dei parenti in mezzo mondo puoi farti ospitare da loro."

1. Trasforma le frasi usando il gerundio.

es. Dato che non sono sportiva, è meglio che io non venga a fare l'escursione con voi. => Non **essendo** sportiva, è meglio che io non venga a fare l'escursione con voi.

1. Siccome preferisco i piatti a base di pesce, in Sicilia mangerò senz'altro bene.
2. Leggo il giornale tutti i giorni perché sono abbonata.
3. Dato che odio le persone che sono spesso in ritardo, io arrivo sempre in anticipo agli appuntamenti.
4. Devo chiamare mia madre perché non trovo più le mie chiavi di casa.
5. Siccome sono all'aeroporto, approfitto per comprare qualcosa al dutyfree.
6. Siccome mio padre non ama telefonare, preferisce spedire delle email.
7. Dato che mia nonna partirà alle 6, arriverà per mezzogiorno.
8. Dato che Elena fa attenzione a quello che mangia non ingrassa.
9. Mia madre può fare la spesa la sera perché finisce di lavorare alle 17.
10. Dato che lavora troppo arriva spesso in ritardo a cena.

2. I PRONOMI ACCOPPIATI Gr p. 174

"**Me l'**avevi promessa!" / "**Te l'**ho mandata appena siamo arrivati a Taormina" / "**Glielo** dico appena arrivo a Firenze." / "**Glielo** chiedo stasera quando torno in albergo." / "**Te lo** dirò appena saprò qualcosa"

2. Trasforma le frasi con i pronomi.

es. Paolo presta a Carla e a Marta la sua vespa. => **Gliela** presta (**la** presta **loro**).

1. Vittorio chiede un euro a suo fratello.
2. Mi spedisci una cartolina dall'Italia?
3. Devi dare i tuoi libri ai tuoi compagni.
4. Cristina racconta un segreto alle sue amiche.
5. I miei genitori scrivono delle email ai loro colleghi.
6. Tu presti spesso la tua bicicletta a Fabio.
7. Ma Fabio non ti presta mai il suo motorino.
8. Mando dei fiori alla nonna.
9. Vi farò conoscere dei siti internet sulla Sicilia.
10. L'hotel ci manda un fax di conferma.

3. Ora trasforma le frasi dell'esercizio precedente al passato.

es. Paolo ha prestato a Carla e a Marta la sua vespa.
*=> **Gliel'**ha prestat**a**. (**L'**ha prestat**a loro**).*

4. Rispondi alle domande secondo il modello:

es. "Hai dato le chiavi alla mamma?"
*"Sì, **gliele** ho dat**e** ieri sera."*

1. Hai dato il tuo nuovo indirizzo ai tuoi compagni?
2. Hai spedito una cartolina alla zia?
3. Hai raccontato le tue avventure alle tue amiche?
4. Hai chiesto il permesso di uscire all'insegnante?
5. Hai prestato i tuoi cd a Fabio?
6. Avete dato il dizionario a Camilla?
7. Avete prestato la bici a Martino?
8. Avete mandato i fax all'hotel?
9. Avete raccontato una favola ai bambini?
10. Avete dato un bacio ai nonni?

---

3. ALCUNI INDEFINITI p. 177

"**Non** ho ricevuto **nessuna** cartolina da te." / "**Alcuni** sono andati in Argentina, **qualcuno** in Germania o Svizzera."

5. Trasforma le frasi secondo il modello:

*es. Ho **qualche** libro da prestarti <=> Ho **alcuni** libri da prestarti.*

1. Vorrei parlare di qualche film di Visconti.
2. Paola preferisce mangiare qualche frutto prima di pranzo.
3. Ieri ho visto alcuni amici di Pino.
4. Alcune strade di Palermo sono davvero caotiche.
5. Abbiamo già letto qualche libro di Tabucchi.

6. **Alcuno, alcuni, alcuna, alcune** o **nessuno, nessuna, nessun**? Scegli la parola giusta.

1. Non ho visto .... studente nella classe.
2. Non abbiamo letto .... libro di Umberto Eco.
3. .... turisti mi hanno detto che questo museo è interessante.
4. Paola non ha mai mangiato .... specialità siciliana.
5. Ho incontrato .... persone di Palermo.
6. Non conosco .... ragazzo italiano.
7. Non ho mai incontrato .... studente di russo.
8. Non avete letto .... guida turistica sulla Sicilia?
9. Ho .... amiche italiane.
10. Non avete .... amico americano?

---

7. Inserisci **nessuno, qualcuno, alcuni, qualche** o **qualsiasi** nelle seguenti frasi:

1. Non conosco .... qui.
2. Ieri ho mangiato .... piatto regionale.
3. Paola ha spesso fame e mangia .... cosa!
4. .... ragazzi mi hanno detto che domani la scuola è chiusa: è vero?
5. C'è ....? Posso entrare?
6. .... volta vado a scuola a piedi.
7. .... mi ha detto che Carla si è sposata. È vero?
8. Hai .... euro da prestarmi?
9. .... cosa deciderai, per me andrà bene.
10. .... di voi ha visto l'ultimo film di Tornatore?

---

4. BASTA CHE, PURCHÉ, A PATTO CHE, A CONDIZIONE CHE + CONGIUNTIVO p. 185

8. Completa con il verbo in parentesi:

1. Verrò con te a condizione che tu mi (*accompagnare*) .... in macchina.
2. Paola ha detto che ci aiuta a fare i compiti a patto che le (*offrire*) .... una pizza.
3. I miei genitori mi lasceranno uscire stasera a patto che io (*riordinare*) .... la mia camera.
4. Mio fratello mi presterà il suo portatile, basta che io glielo (*restituire*) .... domani.
5. Puoi venire a suonare a casa mia a condizione che noi non (*fare*) .... troppo rumore.
6. Sono d'accordo per fare questo lavoro purché non (*essere*) .... troppo difficile.
7. Vuoi andare alle isole Eolie? Basta che tu (*prendere*) .... il treno fino a Messina e poi la nave fino a Salina.
8. Potrai entrare in questo museo. Basta che tu (*avere*) .... il biglietto.
9. Certo che sarai invitato, purché tu (*dire*) .... che sei un mio amico.
10. Sei stanco? Basta che tu (*riposarsi*) .... fino alle dieci e vedrai che sarai in gran forma.

---

5. PASSATO REMOTO p. 187

9. Rileggi il brano di L. Sciascia (a pag.133) e trova l'infinito dei verbi sottolineati. Poi volgili al passato prossimo.

Piazza della Signoria

Firenze

Ma questa è un'altra storia

Ciao ragazzi!

MA QUESTA È UN'ALTRA STORIA...

Oggi è il compleanno di Francesco. Tutti i suoi amici sono riuniti a casa sua a Roma. Chiara, Pietro, Maria e Elena hanno promesso di venire. Stanno per arrivare da Firenze.

TR 66

Alice	Mi sto divertendo un mondo! Ma Francesco ha l'aria un po' preoccupata.

Massimo	Dai, smettila di guardare l'orologio e goditi la festa. Vedrai che arriverà. Te l'ha promesso!
Francesco	E se ha cambiato idea?

Francesco	Eccoli! Sono loro!

Francesco	Lei è Chiara.
Simona	Ah, la famosa Chiara!

Francesco   E vi presento Elena, Maria e Pietro i miei amici di Firenze.

Barbara   Ciao, ragazzi! Finalmente vi incontriamo! Francesco ci ha parlato tanto di voi!

Chiara   Ma non apri il regalo?

Francesco   Sono stupendi! Li volevo da tanto!

Simona   Non dimenticare di mettere il casco, però! Imbranato come sei...

Alice   Dai, tutti insieme. Arriva la torta. Massimo, prendi la chitarra.

Elena (a Maria)   Massimo non è male, trovo...

Massimo (a Alice)   Certo che Maria è proprio carina!

Ma questa è un'altra storia...

Test 1-10

Ciao ragazzi!

TEST 1

= devi ripassare ancora!
= puoi fare meglio!
= va bene, bravo(a)!
= bravissimo(a)!

Nell'unità 1 hai imparato a:

chiedere a qualcuno come sta e rispondere, prendere un appuntamento, chiedere a qualcuno cosa fa, parlare della scuola e parlare di quello che ti piace fare.

Mettiti alla prova!

1. Rispondi in tre modi diversi. (7P)

Come stai? .... / .... / .... ,
e tu?

A che ora ci vediamo? .... una e un
.... / .... due / ....
mezzogiorno.

2. Ti ricordi i nomi di questi oggetti? (5P)

1. ....
2. ....
3. ....
4. ....
5. ....

3. Ti piace o ti piacciono? (4P)

Le gite in montagna / la natura / i viaggi all'estero / viaggiare con la famiglia / uscire con gli amici / prendere il treno / la scuola / le lingue straniere

(Non) mi piace...
(Non) mi piacciono...

4. Completa. (10P)

5. Completa con ANDARE, AVERE, DOVERE, FARE, RIMANERE, SAPERE, STARE, USCIRE. (8P)

Elena parla con Chiara.

- Cosa (tu) .... oggi pomeriggio? *fare*
° Non lo .... , probabilmente .... a casa. E tu?
- Io e mia madre .... andare dalla nonna perché non .... molto bene.
° E a che ora?
- .... di casa verso le tre. .... in autobus perché in questi giorni mia madre non .... la macchina.
° Beh, allora ci sentiamo più tardi al telefono.
- Va bene, ti chiamo quando torno.

6. Ascolta e indica a che ora si vedono Clara e Alice. (1P)

TR 67

....

7. Trasforma al plurale. (3P)

La mia penna è rossa. ....
Il tuo libro è vecchio. ....
Il loro zaino è blu. ....

8. Completa. (2P)

Per la scuola ho: .... classificatore, ... zaino, ... matita, ... diario.

Totale: __ / 40 punti

< 20 😟 , = 20 🙂 , 21 - 30 😊 , 31-40 😄

VIAGGI_O_	MI LAVO	RIPETO	DOR_MO_	PREFER__
VIAGGI	_TI_ LAV_I_	RIPETI	DORMI	PREFERISCI
VIAGGI_A_	_SI_ LAVA	RIPET_E_	DORME	PREFER__
VIAGGIAMO	_CI_ LAVIAMO	RIPET_IAMO_	DORMIAMO	PREFER__
VIAGGI_ATE_	_VI_ LAVATE	RIPETETE	DORM_ITE_	PREFERITE
VIAGGI_ANO_	SI LAV_ANO_	RIPET_ONO_	DORM_ONO_	PREFER__

TEST 2

Nell'unità 2 hai imparato a:

dire il motivo di un'azione, raccontare un avvenimento al passato, parlare delle vacanze.

Mettiti alla prova!

1. Trasforma le frasi usando *siccome* e *dato che*: (2P)

Sono triste perché Francesco non mi ha telefonato. / Cecilia non può venire con noi perché sua madre non vuole.

....

....

2. Cosa ha fatto Franco in vacanza? (5P)

Ciao!
Sono a Rimini, sul mare Adriatico! Sto in spiaggia e prendo il sole, mangio panini e gelati. Vado a ballare in discoteca....
Insomma, mi diverto moltissimo!
Un bacio

Franco

È stato a Rimini,

....

....

 3. E Maria, dove ha passato le vacanze?
TR 68 Ascolta e metti una X sulle risposte giuste. (3P)

Io purtroppo quest'estate non sono partita perché mia nonna non è stata bene e non abbiamo voluto lasciarla sola. Così siamo rimasti tutti qui. Ma mi sono divertita lo stesso! Ho dormito molto, ho fatto delle lunghe passeggiate, ho mangiato un sacco di gelati e sono uscita con i miei amici. Sì, devo dire che a Treviso si sta bene d'estate, anche se ha fatto molto caldo.

1. Maria non è partita per le vacanze. __ / 2. Suo nonno non è stato bene. __ / 3. Solo Maria è rimasta a casa. __ / 4. Maria si è divertita. __ / 5. Ha dormito, ha fatto lunghe passeggiate e ha mangiato molti gelati. __ / 6. È andata a visitare Treviso. __

4. Ti ricordi questi participi irregolari? Vediamo! (5P)

Prendere   *preso*
Rimanere   ....
Perdere   ....
Scrivere   ....
Fare   ....
Essere   ....

5. *Essere* o *avere*? Completa: (4P)

Luigi e Gianni .... andati a Ravenna. .... visitato il Mausoleo di Teodorico. Poi .... passeggiato per il centro per vedere la tomba di Dante e .... partiti per Bologna.

6. Quali parole mancano? Completa. (7P)

Ti presento la mia famiglia: questo è .... zio, il .... di .... padre. Ha 42 anni, è sposato e .... moglie si chiama Silvia.

Hanno due figli. .... figlio maggiore Marco ha 16 anni e il più piccolo solo 5 anni. Io vado molto d'accordo con mio .... Marco.

7. Qual è il pronome giusto? (4P)

L'altro ieri Giulia ha telefonato a Fabio ma non LO/L'/GLI ha trovato. Allora LO/LE/GLI ha lasciato un messaggio per invitarLA/L'/LO a una festa sabato. Ma Fabio non può perché ha promesso a suo padre di accompagnarLO/LE/LA a trovare il nonno.

Totale: __ / 30

< 15 , = 15 , 16-24 , 25-30

TEST 3 ➤

= devi ripassare ancora!

= puoi fare meglio!

= va bene, bravo(a)!

= bravissimo(a)!

Nell'unità 3 hai imparato a:

parlare di quello che facevi nel passato, descrivere una persona e indicare la frequenza delle attività del tempo libero.

Mettiti alla prova!

1. Chi è? (3P)

È un famoso artista italiano. È magro, ha i capelli scuri, ondulati, spesso disordinati. È un po' calvo sulla fronte. Non è alto. Non è bello ma è molto simpatico. Fa l'attore e il regista. Ha vinto l'Oscar per il suo film più famoso, "La vita è bella"...

....

2. Che sport sono? (4P)

1. .... 2. ....

3. .... 4. ....

3. Guarda la ricetta della pizza. Dov'è l'errore? (3P)

Prendete la polpa di peperone, tagliate la mozzarella. Pulite le foglie di basilico. Stendete la pasta e mettete sopra il pomodoro e circa l'equivalente di una mozzarella. Condite con sale, basilico e olio, e cuocete in forno preriscaldato a 250° per 2 o 3 ore. Cinque minuti prima del termine della cottura distribuite sulla superficie della pizza la restante mozzarella.

....

4. Metti gli avverbi in ordine di frequenza. (4P)

SEMPRE / S........................ / OGNI .... /
RARAMENTE / .... MAI / ....

5. Completa il testo con i verbi del riquadro all'imperfetto. (8P)

nuotare / raggiungere / prendere / essere / essere / giocare / andare / andare

Quando .... piccola, io e la mia famiglia
.... spesso in vacanza sulla costiera
amalfitana, a Sorrento. .... un posto
bellissimo. La mattina io e mia madre ....
in spiaggia: lei .... il sole e io ....
con i miei amichetti. Poi mio padre ci ....
e .... insieme.

6. Ti ricordi questi participi irregolari? Vediamo! (5P)

Leggere	*letto*
Mettere	....
Dire	....
Aprire	....
Chiudere	....
Scegliere	....

7. Molto o molti? (3P)

Questi gelati sono .... buoni. / I gelati mi
piacciono .... / Le canzoni napoletane sono
.... belle.

Totale: __ / 30 punti

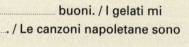

< 15 😫 , = 15 😐 , 16-24 🙂 , 25-30 😃

TEST 4

Nell'unità 4 hai imparato a:

parlare al telefono, situare nello spazio e parlare degli animali.

Mettiti alla prova!

 1. Ascolta e completa la telefonata. (8P)

Pronto, ... Marco?
No, mi .... è uscito. Chi ....?
.... Silvia, signora. Sa quando torna?
Stasera. Gli vuoi ....?
No, grazie. Lo .... domani.

2. Cosa sta facendo Francesco? (6P)

leggere il libro di matematica / rispondere al telefono / fare i compiti

....

....

....

3. Forma i nomi di quattro animali con queste lettere: (6P)

PLOU .... / NORGA .... /
MAACLU .... / CCLLUOE ....
ACNE .... / TOTGA ....

4. Dov'è? (5P)

Dov'è la frutta? .... lavatrice
Dov'è il gatto? .... la lavatrice .... il frigo.
Dov'è la mamma di Massimo? .... al gatto.
Dov'è il tavolo? .... del frigo.

5. Trasforma alla forma di cortesia quando è possibile. (5P)

Ciao, scusa, tu sei Paola Neri? ....
Sì, sono io, e tu? ....
Sono Luigi Verdoni. ....
Di dove sei? ....
Di Roma.

6. Trova i contrari. (3P)

grandissimo ...., moltissimo ....,
antipaticissimo ....

7. CI/NE/LO/LA/L'/LI o LE? Completa. (7P)

Ieri Marco ha telefonato a Silvia. .... ha chiamata per dirle che ha comprato dei pesci per il suo acquario: .... ha presi dieci! .... ha comprati nel negozio di fronte a casa, dove .... sono moltissimi animali. Silvia ha detto che .... vuole andare anche lei, perché vuole un canarino. Marco ha detto che può accompagnar .... a comprar......................

Totale: __ / 40 punti

< 20 , = 20 , 21-30 , 31-40

TEST 5

= devi ripassare ancora!

= puoi fare meglio!

= va bene, bravo(a)!

= bravissimo(a)!

Nell'unità 5 hai imparato a:

parlare di quello che farai nel futuro, esprimere accordo e disaccordo, paragonare.

Mettiti alla prova!

1. Esprimi il tuo accordo e il tuo disaccordo. (8P)

Mi piace la musica classica. .... / ....

Non sopporto i film violenti. .... / ....

Adoro i film d'amore .... / ....

Non mi piacciono i film gialli .... / ....

2. Cosa farà Giulia domani? Trasforma al futuro. (14P)

Oggi mi alzo presto, mi lavo, mi vesto, faccio colazione e esco. Prendo l'autobus alle sette e mezzo. Arrivo a scuola alle otto meno dieci, entro in classe con i miei compagni e sto a scuola fino all'una. Mangio con mia madre. Nel pomeriggio studio, ascolto un po' di musica, navigo su internet e guardo la tv o leggo un po'.
Anche domani Giulia *si alzerà* presto...

3. DI o CHE? Completa. (6P)

1. Mio cugino è più alto .... me.
2. Preferisco guardare la tv .... ascoltare la radio.
3. Ho più amici .... amiche.
4. Luigi è meno intelligente .... suo fratello.
5. Luca è meno bello .... simpatico.
6. Fabio ha meno dvd .... me.

4. Scegli la forma giusta. (4P)

Domani dobbiamo assolutamente andare a vedere QUEL/QUELLO/QUELL' film che ci ha consigliato Gianni, QUEL/QUELLO/QUELL' studente che è amico di Lucia. Ha detto che una BELLA/BEL/BELL' storia e che c'è QUEL/QUELLO/QUELL' attrice che ti piace tanto.

5. Trova l'intruso. (4P)

1. a. attore   b. attrice
   c. regista   d. registratore

2. a. De Sica   b. Mastroianni
   c. Visconti   d. Fellini

3. a. Pinocchio   b. Pane e tulipani
   c. La vita è bella   d. La tigre e la neve

4. film:
   a. d'avventura   b. d'amore
   c. di poesia   d. di guerra

Totale: __ / 36 punti

< 18 , = 18 , 19-24 , 25-36

TEST 6

Nell'unità 6 hai imparato a:

esprimere sentimenti, desideri, dare e chiedere informazioni stradali, fare una proposta, parlare delle feste.

Mettiti alla prova!

1. Completa il biglietto d'auguri di Marina con i verbi del riquadro ai tempi e modi giusti. (7P)

> girare / dire / volere / volere / piacere / prendere / continuare

Caro Fabio,
ti mando questo biglietto perché io .... organizzare una festa a sorpresa sabato prossimo a casa di Lucio. Che ne .... di partecipare all'organizzazione? Ti ....?
Se sei d'accordo (e spero proprio di sì), vieni a casa mia domani, così ne parliamo. Dobbiamo anche decidere se facciamo noi la torta (non dimentichiamo le candeline!) o se la compriamo in una pasticceria.
A domani, ciao

Eleonora

PS Non so se sai come arrivare da me, ora ti spiego: quando esci dalla metropolitana .... a sinistra, poi .... dritto e .... la prima traversa a destra. La mia casa è lì, vicino al bar. Dalla metropolitana ci .... solo 5 minuti a piedi.

Per che festa l'ha scritto?

.... (1P)

 2. Guarda la cartina (a pagina 82) e ascolta il dialogo. Dove vuole andare la signora? (3P)

....

3. Trasforma dal TU al LEI. (10P)

1. "Scusa, per andare al Duomo?"
   "Attraversa la piazza e gira a sinistra."
2. Che ne diresti di andare al cinema, stasera?
3. Ti piacerebbe andare al ristorante sabato?
4. "Senti, sai dov'è la farmacia?" "Sì, prendi la prima traversa a destra. La farmacia è subito lì."
5. Mi faresti un favore?
6. Puoi aiutarmi?

....
....
....
....
....
....

4. Cosa dici in queste occasioni? (3P)

Natale: ....
Compleanno: ....
Capodanno: ....

Totale: __ / 24 punti

< 12 , = 12 😐 , 13-20 🙂 , 21-24 😄

TEST 7 >

Nell'unità 7 hai imparato a:

parlare del corpo umano e della salute, dare dei consigli su come restare in forma, dire cosa è o non è necessario, parlare di ambiente e di volontariato.

Mettiti alla prova!

1. Come si chiamano le parti del corpo? (6P)

2. Abbina le colonne con i consigli e metti i verbi all'imperativo (TU). (12P)

1. Mi fa male la testa.
2. Ho mal di schiena.
3. Ho il raffreddore.
4. Mi gira la testa.
5. Ho preso 10 chili, quest'anno.
6. Mi fanno male le gambe.

A. (*Dimagrire*) .... un po'!
B. Non (*portare*) .... valigie così pesanti!
C. (*Coprirsi*) .... bene!
D. (*Sedersi*) ....!
E. Non (*stare*) .... in piedi!
F. (*Prendere*) .... un'aspirina!

3. Ora trasforma i verbi alla forma di cortesia (LEI). (6P)

....
....
....
....
....

4. Trasforma alla forma negativa. (4P)

1. Manca la medicina, comprala!
   > Non .... , non serve più.
2. Ecco il maglione, mettilo!
   > Non .... , non fa freddo.
3. Fa freddo, copriti!
   > Fa caldo, non ....
4. Ci sono ancora degli esercizi da fare, finiscili!
   > Non .... , li farai domani.

5. Scegli la forma giusta. (2P)

1. Per camminare in montagna SERVONO/CI VUOLE delle scarpe adatte.
2. Per dimagrire BISOGNA/CI VUOLE una buona dieta.

....
....

Totale: __ / 30 punti

< 15 😟 , = 15 🙂 , 16-24 😊 , 25-30 😄

TEST 8

Nell'unità 8 hai imparato a:

descrivere il carattere delle persone, parlare dei tuoi genitori, esprimere opinioni personali, gusti e stati d'animo, fare ipotesi, supposizioni.

Mettiti alla prova!

1. Guarda questi aggettivi e metti insieme le coppie di contrari. Attenzione, ce n'è uno in più! (5P)

fedele / allegro / impaziente / paziente / chiuso / aperto / disordinato / malinconico / stressato / infedele / calmo

2. Trasforma le frasi. (10P)

Secondo me, Paolo è un ragazzo allegro >
Penso che Paolo sia un ragazzo allegro.
1. Secondo Marta, Luisa ha pochi amici > Marta pensa che...
2. Secondo noi, voi parlate bene l'italiano > ...
3. Secondo me, loro prendono l'autobus tutti i giorni > ...
4. Secondo te, io dormo troppo? > ...
5. Secondo voi, Marta preferisce il teatro o il cinema? > ...

3. Completa le frasi con il verbo al modo giusto. (5P)

1. Mi fa piacere che tu (*venire*) .... alla festa.
2. Mi fa arrabbiare che i miei genitori mi (*dire*) .... sempre quello che devo fare.
3. Mi dà fastidio che mia sorella (*uscire*) .... più di me.
4. Mi rende triste che la nonna non (*stare*) .... bene.
5. Non mi piace che i miei amici (*avere*) .... più libertà di me.

-ONE / - ACCIO / - INO / -ETTO

4. Come si dice? (3P)

Un grosso libro è un ....
Un brutto film è un ....
Una piccola bottiglia è una ....

5. CHE o preposizione + CUI? (6P)

Ieri Paolo ha di nuovo litigato con i suoi genitori .... gli hanno chiesto di mettere in ordine la sua camera. Lui non era d'accordo perché pensa che, dato che la camera è la sua, lui possa fare quello .... vuole. La mamma allora gli ha detto che l'appartamento .... vivono è di tutta la famiglia e la ragione .... gli chiedono di mettere in ordine è che lui deve abituarsi a essere ordinato.
Quindi lui ha pulito e riordinato la camera (.................... ne aveva davvero bisogno!) e la mamma gli ha preparato un dolce .... gli piace tanto.
Così hanno fatto pace.

6. DI o CHE? Trova l'errore. (1P)

Mi pare di essere una persona comprensiva.
Mi sembra che io sia una persona comprensiva.
Mi sembra che tu sia una persona comprensiva.

Totale: __ / 30 punti

< 15 , = 15 , 16-24 , 25-30

TEST 9

😞 = devi ripassare ancora!
😐 = puoi fare meglio!
🙂 = va bene, bravo(a)!
😄 = bravissimo(a)!

Nell'unità 9 hai imparato a:

fare acquisti nei negozi, parlare di moda e di abbigliamento, citare delle professioni, esprimere apprezzamento o disgusto.

Mettiti alla prova!

1. Completa il dialogo. (5P)

Commesso: Buongiorno.
Cliente: Buongiorno, ... vedere quella maglietta che è in ....
Commesso: Come la vuole, a maniche corte o a maniche .... ?
Cliente: A maniche lunghe.
Commesso: Che .... ?
Cliente: M, credo. .... costa?
Commesso: 15 euro.

2. Ascolta il dialogo tra Marina e sua sorella. (TR 71) Cosa mette Marina? (6P)

una ...., una .... , ... ,
delle .... , una ....

3. Metti i verbi al tempo e modo giusti. (5P)

1. Credo che ieri Paola e Lina (*andare*) .... al cinema.
2. Penso che il compleanno di Giulio (*essere*) .... domenica scorsa.
3. Credo che mio padre (*laurearsi*) .... nel 1987.
4. Vi ha fatto piacere che ieri Lidia (*venire*) .... ?
5. Silvia crede che stamattina sua madre (*vestirsi*) .... troppo giovanile.

4. Trasforma dalla forma attiva alla forma passiva o viceversa (8P)

1. Marco ordina un gelato.
2. L'Accademia di Brera a Milano è visitata da molti turisti.
3. La mamma sceglie i vestiti di Marta.
4. I vestiti di Armani sono comprati da molti stranieri.

....
....
....

5. Qual è la forma giusta? (4P)

1. Il calcio è lo sport più amato DALL'/DAI/DAGLI italiani.
2. John viene DALL'/DA/DALLA Inghilterra o DALL'/DA/DALLA Scozia?
3. Questo maglione mi è stato regalato DAL/DALL'/DALLO zio Carlo.

....
....
....

6. Che negozi sono? (2P)

In questo negozio si comprano i trucchi, i profumi, le creme di bellezza. ....
In questo negozio si comprano i dolci e i biscotti. ....

Totale: __ / 30 punti

< 15 😞, = 15 😐, 16-24 🙂, 25-30 😄

TEST 10

Nell'unità 10 hai imparato a:

parlare di cucina, delle tue abitudini alimentari, porre delle condizioni.

Mettiti alla prova!

 1. Ascolta e completa la ricetta della pasta alla Norma. (10P)

TR 72

Ingredienti per 4 persone: 400 gr. di spaghetti, 800 gr. di pomodori maturi, 3 melanzane, 2 spicchi d'aglio, 100 gr. di ricotta salata, 3-4 cucchiai di olio extravergine d'oliva, 2-3 foglie di basilico, sale e pepe.

Lavate le .... e senza togliere la buccia, tagliatele a dadini. Salatele e mettetele sotto un peso in modo che perdano il succo amaro, per 1 ora.
Pelate i ...., togliete i semi e passateli per ottenere una salsa. Fate dorare l' ....
e aggiungete i dadini di ...., controllando che ci sia abbastanza ....
Quando le .... saranno cotte, togliete l'olio di cottura (non tutto), aggiungete il .... e finite di cuocere.
Scolate la .... e ripassatela nella padella, spolveratela con la .... grattugiata e mettete due foglie di .... Servitela ben calda.

2. Completa con i verbi al modo giusto: (5P)

1. Vengo da te basta che tu mi (*fare*) .... la torta al cioccolato.
2. I miei genitori mi lasciano uscire a patto che io non (*andare*) .... in motorino.
3. Prepariamo la pizza a condizione che (*esserci*) .... della salsa di pomodoro in casa.

4. Facciamo i compiti d'inglese, basta che ci (*aiutare*) .... un po'.
5. Ti presto la mia bici purché tu me la (*restituire*) .... stasera.

3. Trasforma le frasi. (4P)

Ogni volta che fa un viaggio Carla mi manda una cartolina. > **Me la manda.**
1. Ogni sera Cristina racconta una storia alla sua sorellina. > ...
2. Presti spesso il tuo motorino a tuo fratello? > ...
3. Stasera la mamma ci preparerà una bella pizza. > ...
4. Cosa aspetti? Devi spedire le lettere alle tue amiche > ...

4. Qual è la forma giusta? (5P)

1. Ho incontrato ALCUN/QUALCHE/NESSUN amico, ieri.
2. Non conosciamo NESSUN/ALCUN/QUALCUNO americano.
3. Ho QUALCHE/ALCUNI/QUALSIASI amici italiani.
4. QUALSIASI/ QUALCUNO/QUALCHE cosa tu deciderai, per me va bene.
5. QUALCUNO/ALCUNO/QUALCHE può accompagnarmi a casa, per favore?

....
....
....
....
....
....

Totale: ___ / 24 punti

< 12  , = 12 , 13-20 , 21-24

tulipani

Varietà

Ciao ragazzi!

lipani

VARIETÀ 1

Leggiamo

È scoppiata la guerra nucleare e Milano è stata bombardata. Un ragazzo, il narratore, erra per le strade della città distrutta e incontra una superstite.

Lei è accoccolata[1] su un blocco di marmo [...], caduto chissà da dove. Può avere quindici, sedici anni: occhi ombrettati, rossetto corallo[2], un po' di calce[3] sulle guance e sui capelli neri. [...]

Si è tolta una scarpa e l'esamina con occhio critico, scontenta. Mi fermo davanti a lei.

"Bisogno d'aiuto?" domando.

"Perché lo offri proprio a me?" riflette sospettosa. "Hanno tutti bisogno d'aiuto adesso."

"Tu sei la più vicina."

Sembra che la spiegazione le basti.

"Il tacco è sparito; una seccatura[4]."

"Poco male. Milano è piena di scarpe che nessuno metterà più."

Mi lancia una rapida occhiata. [...] Rimette la scarpa. "Non hai nessuno tu a cui pensare?" domanda.

"Nessuno. E tu?"

"Gli zii. Vivevo con loro. Ma non credo siano vivi. La casa è a Roserio: da quelle parti è caduta la bomba. Io ero in centro, per fortuna."

"Aspetta a dire che è una fortuna."

"Che cosa intendi? Sono viva, no? Credi che ricominceranno?"

Scuoto la testa. "Non c'è nessuno per ricominciare. Nessuno. Si sono spazzati via a vicenda[5]."

"E allora? Tolti di torno[6] i pazzi non c'è più pericolo. O sbaglio?"

"Si vede che non sai niente sulle contaminazioni, le radiazioni e il resto."

Da E. De' Rossignoli, *H come Milano*, Longanesi

[1] Seduta tenendo le gambe con le braccia intorno
[2] La ragazza è truccata sugli occhi e sulla bocca
[3] Polvere bianca (caduta da un muro)
[4] Una cosa fastidiosa
[5] Si sono eliminati tra loro
[6] Eliminati

Per comprendere

Vero o falso? Giustifica la tua risposta.
1. La ragazza è seduta su una pietra.
2. La ragazza è truccata.
3. La ragazza è maggiorenne.
4. La ragazza non capisce perché il ragazzo offre il suo aiuto proprio a lei.
5. Il tacco della sua scarpa è troppo alto.
6. La ragazza non ha più nessuno a cui pensare.
7. Gli zii sono probabilmente morti a causa della bomba.
8. Il ragazzo pensa che i bombardamenti ricominceranno.
9. La ragazza sa tutto sulle contaminazioni.

Rispondi.
1. Cosa sta facendo la ragazza quando il ragazzo la vede per la prima volta?
2. Perché ha il viso sporco di calce?
3. Perché il ragazzo le offre il suo aiuto?
4. Perché la ragazza è sola?
5. Perché secondo il ragazzo non c'è più nessuno per tirare le bombe?

Giochiamo con le parole

Di quali parti del viso si parla nel testo?

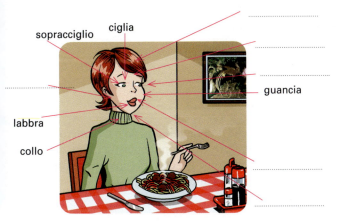

sopracciglio · ciglia · guancia · labbra · collo

Guarda il disegno e completa con le parole mancanti.

Trova i contrari di questi aggettivi.

contenta	scontenta
_____	infelice
fortunato	_____
soddisfatto	_____
_____	scomodo

Commentiamo e discutiamo

"Aspetta a dire che è una fortuna", dice il ragazzo. Perché?
Quali sarebbero, secondo te, le conseguenze di una guerra o di una catastrofe nucleare?
Come vivrebbe la gente?

Recitiamo

Il ragazzo e la ragazza parlano insieme.
Come potrebbe continuare il dialogo?

1. Il ragazzo è disperato.
2. La ragazza gli chiede il motivo.
3. Lui dice che non ha più nessuno.
4. La ragazza gli chiede cosa è successo ai suoi.
5. Lui racconta che il suo paese è stato distrutto dall'esplosione.
6. La ragazza gli dice che le dispiace e che anche lei è sola.
7. Il ragazzo le chiede se ne è sicura.
8. Lei dice che forse sua sorella è ancora viva ma non sa dove sia.
9. Il ragazzo le propone di andare a cercarla insieme.
10. …

Creazione

Questo brano è tratto da un romanzo di fantascienza. Vediamo se saresti capace di immaginare un racconto di questo tipo.

1. Il tuo telefonino squilla. Leggi un messaggio. Il governo annuncia che è scoppiata la guerra nucleare e che il tuo paese sarà bombardato fra tre ore. Come reagisci?

2. Sul cellulare leggi che i marziani si stanno avvicinando alla terra. Hanno mandato un messaggio ma finora nessuno è stato capace di interpretarlo. Secondo gli scienziati dovrebbero atterrare fra due mesi…

VARIETÀ 2

Leggiamo

Luca vuole telefonare allo scrittore Marco Lodoli.

- Pronto? - esclama infine una voce impastata di sonno[1].
- Mi scusi per l'ora tarda... - esordisce[2] timido Luca.
- Che ore sono?
- Non so, è notte già da parecchio.
- E lei chi è?
- Mi chiamo Luca... Senta, lei è Marco Lodoli, vero?
- Sì. Ma lei chi sarebbe?
- Gliel'ho detto, sarei Luca. [...] Lei è Marco Lodoli lo scrittore, vero?
- Neanche un po'.
- Lei non ha scritto romanzi? [...]
- Io faccio lo zincografo[3] a San Saba. Lo scrittore è un altro, un maledetto che non ha l' indirizzo e il numero di telefono sull'elenco. Ogni giorno m'invadono la cassetta della posta inviti a presentazioni, a mostre di quadri, concertini, librettini. [...]. Io piglio e butto[4], serenamente. Poi ci sono quelli come lei, che telefonano alle ore più brutte, e lì non c'è difesa. Addio, stavo sognando che nevicava, vorrei finire almeno un pupazzo[5].
- La prego, se ce l'ha mi dia il numero di telefono del vero Marco Lodoli.
- Perché, io sono falso?
- Mi scusi, non volevo offenderla. Il telefono del maledetto, ecco.
- Il numero non lo conosco, però so l'indirizzo: via Achille Loria 7. Lo ingiuri da parte mia. [...]. Gli dica che mi hanno anche regalato un suo libro, ne ho lette tre pagine e poi ci ho acceso il caminetto. E adesso basta, sparisca[6].
- Riferirò, e grazie comunque.

Da M. Lodoli, *Il vento,* Einaudi

[1] che non riesce a parlare chiaramente
[2] comincia
[3] lavora in una tipografia e riproduce immagini su metallo

[4] prendo e getto via
[5] una statua di neve.
[6] mi lasci in pace

Per comprendere

Vero o falso? Giustifica la tua risposta.

1. La scena si svolge durante la giornata.
2. I due personaggi si chiamano Luca Lodoli e Marco San Saba.
3. Quando Marco telefona, Luca sta dormendo.
4. La persona a cui Marco vuole telefonare è uno scrittore.
5. Quando lo zincografo Marco Lodoli riceve posta per il suo omonimo, gliela manda.
6. Quando Luca ha telefonato, Marco Lodoli stava guardando la tv.
7. Lo zincografo Marco Lodoli ha molta simpatia per lo scrittore.
8. L'interlocutore di Luca prova ammirazione per le opere di Marco Lodoli.
9. Luca avrà la possibilità di contattare lo scrittore Marco Lodoli.

Rispondi.

1. Chi sono i due personaggi al telefono?
2. Perché uno di loro è piuttosto arrabbiato?
3. Che errore ha commesso Luca?
4. Che differenze ci sono tra i due Marco Lodoli?
5. Che cosa sognava Marco nel momento in cui è stato svegliato da Luca?
6. Perché si offende?
7. Cosa fa il "falso" Marco Lodoli con le opere dello scrittore omonimo?

Giochiamo con le parole

Qual è l'intruso? Perché?

1. a) la poesia	b) il romanzo	c) il film	d) il saggio
2. a) il film	b) lo spettacolo	c) il concerto	d) il romanzo
3. a) il concerto	b) il musicista	c) lo strumento	d) il poeta
4. a) il poeta	b) lo scrittore	c) il musicista	d) il concerto

Commentiamo e discutiamo

Secondo te, è vero che il Marco Lodoli che risponde a Luca non è lo scrittore che sta cercando? Se invece lo è, perché si comporta così?

Recitiamo

La tua scuola organizza alla fine dell'anno uno spettacolo teatrale. Sei incaricato di invitare una persona che non conosci, lo scrittore Carlo Goldoniani che ha appena pubblicato un saggio di successo: *Evviva il teatro!*

1. Lo chiami.
2. Sbagli numero. Ti danno il suo numero giusto.
3. Telefoni a casa sua. Ti presenti e spieghi quello che vuoi.
4. La persona che ti risponde dice che è la moglie di Carlo Goldoniani e che purtroppo lui è assente; lei ti dà il numero di cellulare del marito.
5. Tu riesci finalmente a contattare lo scrittore che stai cercando. Ti presenti e gli chiedi di partecipare allo spettacolo della tua scuola.
6. Lui dice che è d'accordo e ti chiede l'indirizzo della scuola e la data della recita.
7. Gli dai queste precisazioni (24 giugno)
8. Lui risponde:
   a) che verrà senz'altro, ti ringrazia e ti saluta.
   b) che purtroppo gli dispiace perché sarà in viaggio, si scusa e ti saluta.

Creazione

Sono le 14. Luca telefona allo scrittore Marco Lodoli. Gli dice che ha appena letto il suo ultimo romanzo e che vorrebbe un autografo. Lo scrittore risponde che incontra volentieri i lettori dei suoi libri. Si mettono d'accordo per incontrarsi (giorno, luogo, ora).

VARIETÀ 3
Osserviamo e leggiamo

Benozzo GOZZOLI Il corteo dei Magi.

Questo capolavoro di Benozzo Gozzoli (1420-1497) si trova nello splendido palazzo che Cosimo dei Medici (1389-1464) fece costruire (1444-1459) a Firenze dall'architetto Michelozzo (1396-1472). Adesso è la sede della Prefettura di Firenze.

La scena si ispira ad un'importante riunione internazionale, il Concilio che si svolse a Firenze a partire dal 1443. Ma il pittore eseguì quest'affresco più tardi e in due anni (dal '59 al '61). Quest'opera è di grandissimo interesse artistico e storico. È intitolata il Corteo dei magi e quindi dovrebbe rappresentare una scena religiosa ben nota: l'adorazione dei Magi che, secondo la leggenda, furono guidati da una stella fino a Betlemme dov'era nato Gesù. Agli artisti del Rinascimento piaceva molto quest'argomento perché ci trovavano l'occasione per dipingere delle scene pittoresche. I Magi erano dei grandi personaggi e quindi i pittori potevano mettere in rilievo la loro ricchezza (splendidi regali offerti a Gesù, gran numero di servitori, ecc.). Ma erano anche di origine orientale e quindi offrivano la possibilità di introdurre elementi più o meno fantasiosi (animali che non si vedevano in Italia, vestiti originali, gioielli, ecc.)

Nell'affresco di Palazzo Medici il pittore mescola abilmente la tradizione dell'adorazione dei Magi e il ricordo del Concilio a cui avevano partecipato personaggi molto importanti. E così quest'opera accrese il prestigio della famiglia Medici tanto più che il bel giovane che si trova nella parte centrale e attira lo sguardo è Lorenzo, nipote di Cosimo (1440-1493).

Quindi oltre ad essere un capolavoro che orna magnificamente una piccola stanza del palazzo, quest'affresco è un inno alla gloria dei Medici: suggerisce che erano molto ricchi, che apprezzavano l'arte e sapevano rivolgersi a grandi artisti, e insieme si annuncia già il trionfo di Lorenzo che, senza mai avere ufficialmente il titolo di Signore o di Principe di Firenze, governò la Toscana dal '69 alla morte.

Descriviamo

Guarda l'affresco e di' se le affermazioni seguenti sono vere o false o non si sa.

1. Il personaggio centrale (Lorenzo) è vestito in maniera sontuosa.
2. *In primo piano* ci sono soltanto dei cavalieri.
3. Gli uomini che stanno intorno a Lorenzo hanno delle lance.
4. Tutti i personaggi sono giovani.
5. Sono vestiti per andare a caccia.
6. *Il secondo piano* rappresenta una scena di caccia.
7. I cacciatori cacciano senza i cani.
8. I cacciatori sono tutti a piedi.
9. Inseguono un orso e un daino.

Adesso descrivi gli elementi che compongono l'affresco.

In primo piano:
Quanti e quali animali ci sono? Quanti personaggi ci sono e quali sono le differenze tra loro?

In secondo piano:
Che cosa fanno i personaggi ? Riconosci gli animali che si vedono?

Fa' una presentazione dell'affresco in cinque righe.

Commentiamo

Quest'affresco dà un'impressione di realismo? Quale colore colpisce di più? Che cosa evoca? I Medici erano dei banchieri di origine borghese. Quale immagine hanno voluto lasciare presso i posteri?

Discutiamo

Guarda l'affresco. Secondo te, a cosa sta pensando Lorenzo? E i cavalieri? E l'uomo con i capelli grigi a sinistra? E i cacciatori?

palazzo Medici Riccardi

VARIETÀ 4

Autoritratto

Osserviamo e leggiamo

DE CHIRICO (1888-1978)

Questo quadro è un autoritratto del pittore Giorgio De Chirico nato in Grecia nel 1888 da genitori italiani e morto a Roma nel 1978.
Quest'artista ha lasciato di sé molti autoritratti. In quello di cui puoi vedere una riproduzione si è raffigurato nel suo studio mentre sta dipingendo.
Ha un pennello nella mano destra e tiene con la mano sinistra la tavolozza e tre pennelli. Davanti a lui, sul cavalletto, c'è la tela su cui sta lavorando.
Ai suoi piedi ha messo una statua. Nell'angolo destro del quadro ci sono altre tele ma non possiamo vedere se sono terminate e che cosa rappresentano.

Descriviamo e commentiamo

1. Che cosa rappresenta questo quadro?
2. Dove si trova il pittore?
3. Che cosa sta facendo?
4. Quali sono gli oggetti accanto a lui? Prova a citarne alcuni.
5. Che cosa tiene in mano?
6. Che cosa c'è ai suoi piedi?
7. A che punto è il quadro che sta dipingendo?

Quali elementi ti sembrano esatti?
Guarda il quadro nel suo complesso:
1. Il busto è *di marmo – di bronzo – di terracotta*.
2. Questo busto è *un autoritratto del pittore – una scultura di stile classico – una scultura moderna*
3. Il pittore sta guardando *la modella che lui sta dipingendo - il paesaggio che vede dalla finestra – lo spettatore del quadro*

Adesso osserva l'immagine che De Chirico dà di se stesso.
- Nel suo viso, quali elementi si notano di più?

   il naso è piccolo - il naso è grosso – il viso è sorridente - fa una smorfia - gli occhi guardano con grande attenzione - gli occhi guardano distrattamente la modella – il pittore (non) dà un'immagine idealizzata di se stesso

- Com'è il suo atteggiamento?

   il pittore sta in piedi – è seduto - guarda il busto che sta ai suoi piedi - guarda una modella -

- Com'è vestito?

   è (non è) vestito elegantemente - ha una giacca - un pullover – i pantaloni stirati bene (non stirati bene) – le scarpe (non) lucidate bene

- Qual è l'orientamento dell'opera?

il pittore vuole
dare di sé l'immagine di una persona che dà molta importanza al suo aspetto esterno - mostrare che per lui quello che conta è la sua arte - lasciare di se stesso un'immagine idealizzata - dare un'immagine che lo mostra nelle sue condizioni normali di lavoro

Adesso cerca di riprendere tutti gli elementi che hai raccolto e scrivi un testo di una decina di righe su questo quadro e su De Chirico.

Discutiamo

- Incontri un pittore che ti propone di fare il tuo ritratto. Come vuoi essere rappresentato (scenario, atteggiamento, vestiti, espressione...)?

- Quali sono le principali differenze tra una fotografia ed un quadro?
Fai delle fotografie? In quali occasioni?

- Ti piace disegnare o dipingere? Quando? Quali temi scegli?

VARIETÀ 5

Osserviamo

Renato GUTTUSO, Vucciria

Per questo quadro Renato Guttuso (1912-1978) si è ispirato al vecchio mercato di Palermo chiamato Vucciria.

Descriviamo

1. Quali colori riconosci in questo quadro?
2. Il disegno è molto complesso: sembra che ci sia un po' di disordine in questo mercato. Però si distinguono almeno quattro settori (nell'angolo superiore destro, nell'angolo inferiore sinistro, nella parte centrale e nella parte inferiore): a che tipi di merci corrispondono?
3. Osserva bene i prodotti. Sei capace di citarne almeno quattro?
4. Quanti clienti ci sono e dove si trovano?
5. Quanti negozianti vedi? Che cosa fanno?
6. A sinistra il pescivendolo tiene in mano la punta di un pescespada. Perché viene chiamato così questo pesce caratteristico del mar Mediterraneo?
7. A destra sono appese due carcasse. Secondo te sono le carcasse di un bue / un cavallo / un coniglio / un cinghiale / un pollo / un cane / un gatto?

Discutiamo

Ci sono dei mercati all'aperto nella tua città?
Dove si trovano? Ci sono tutti i giorni?
Perché, secondo te, ci sono molti clienti nei mercati all'aperto?
Quali merci si possono acquistare nei mercati all'aperto della tua città? Indica nella lista seguente cosa si può trovare: **carne, salumi, frutta, verdura, formaggi, vestiti, scarpe, orologi, caramelle, fiori, cartoline, fotografie, libri usati, libri nuovi, dischi, dvd...**
Quando vai (da solo o con un membro della tua famiglia) a un mercato, che bancarelle t'interessano di più?
Ti piacerebbe avere una bancarella?
Per vendere che cosa?
Ti pare facile il lavoro di quelli che vendono nei mercati all'aperto? Quali sono le principali difficoltà?

Commentiamo

Ti piace questo quadro? Perché?
Quale impressione ti dà questo quadro?

VARIETÀ 6

Descriviamo

Guarda questa foto.
Che cosa si vede?
Si vedono delle persone?
Cosa fanno?
Dove è stata scattata secondo
te? (davanti a una scuola,
in un parcheggio pubblico…)
In Italia moltissime persone
(soprattutto giovani) hanno un
motorino o una vespa: perché
secondo te?

Osserviamo

Commentiamo e discutiamo

1. "Un casco per la vita." Che cosa vuol dire
   lo slogan?
2. Guarda la fotografia. Cosa si vede?
3. Cosa porta la ragazza? Perché?
4. In quale stagione siamo? Da cosa si capisce?
5. Perché la ragazza sorride?
6. Secondo te l'immagine di questa ragazza
   corrisponde al messaggio dello slogan?
7. Quali sono gli sponsor di questa pubblicità?
8. Cos'è l'Ado?
9. Perché la sponsorizzazione dell'Ado rende il
   messaggio di questa pubblicità molto forte?
   Sei d'accordo sull' idea di associare l'uso del
   casco all'Ado? Perché?
10. Se pratichi lo sci o il ciclismo usi il casco?
11. Per quali ragioni?

**Perché può essere pericoloso andare in bicicletta
o in moto? Classifica le seguenti risposte:**

a. Perché ci sono solo due ruote / b. perché si
scivola facilmente se la strada è bagnata / c. perché
in città gli automobilisti non rispettano i ciclisti o i
motociclisti / d. perché i ciclisti e motociclisti non
sono molto prudenti quando guidano / e. perché gli
automobilisti aprono le portiere senza guardare / f.
perché i ciclisti e motociclisti s'infilano facilmente tra
le macchine quando c'è traffico / g. perché in caso di
urto o caduta motociclisti e ciclisti non sono protetti
dalla carrozzeria.

Giochiamo con le parole

Classifica per ordine di gravità le conseguenze di una caduta:
a. un'emorragia / b. una ferita alla faccia / c. un graffio al ginocchio o al gomito / d. un livido alla fronte / e. la rottura di un osso / f.una storta alla caviglia o al polso / g. un trauma cranico.

Qual è l'intruso?
Paolo ha avuto un incidente e ora ha :
a.un braccio ingessato b. una gamba ingessata c. un occhio ingessato d. una mano ingessata.

Leggiamo

A	B
PATENTINO PER I CICLOMOTORI	**IN DUE IN MOTORINO**
I ragazzi tra i 14 e i 18 anni dovranno superare un esame per guidare i ciclomotori. I corsi di scuola guida potranno essere organizzati anche nelle scuole secondarie.	I maggiorenni con patente o patentino potranno trasportare un passeggero anche sul motorino purché questo sia omologato per il trasporto di due persone.

Per comprendere

Indica se le affermazioni appartengono all'articolo A o all'articolo B o a tutti e due:
1. Se vogliamo portare un passeggero in motorino dobbiamo avere più di 18 anni.
2. Per guidare un motorino è necessario avere il patentino.
3. Per portare un passeggero è necessario avere il patentino o la patente.
4. Se vogliamo andare in due in motorino il veicolo deve essere omologato per il trasporto di due persone.
5. I ragazzi di meno di 14 anni non possono guidare il motorino.
6. I ragazzi minorenni di più di 14 anni devono superare un esame per ottenere il patentino.
7. I maggiorenni che hanno la patente non hanno bisogno di passare l'esame del patentino.
8. Per ottenere il patentino dei corsi possono essere organizzati anche nelle scuole secondarie.

Discutiamo

1. Hai una bicicletta o un motorino?
2. Se sì, in che occasione la/lo usi?
3. Se no, ti piacerebbe averne una/uno?
4. Cosa ne pensano i tuoi genitori?
5. Nel tuo paese, a partire da che età è possibile guidare un motorino?
6. In Italia è necessario passare un esame per ottenere il patentino. È lo stesso nel tuo paese?
7. Secondo te l'esame del patentino è necessario o superfluo? Perché?
8. Nella tua città ci sono corsie speciali riservate alle biciclette?
9. Chi usa biciclette, moto, skates, pattini ecc va in strada o usa i marciapiedi riservati ai pedoni? Perché?
10. Secondo te bisognerebbe autorizzare le moto, le bici ecc. a circolare sui marciapiedi? Perché?

Recitiamo

Cerca di convincere i tuoi genitori a regalarti un motorino. Specifica le tue ragioni e immagina le reazioni e motivazioni dei tuoi genitori.

- Hai una motocicletta. Un(a) tuo(a) compagno(a) ti chiede un passaggio per tornare a casa ma non hai il casco per lui (lei). Cosa gli rispondi? Immagina il dialogo.

- Stai per uscire con il motorino. Quando stai per avviare il motore i tuoi genitori si accorgono che non hai il casco. Dagli delle spiegazioni convincenti (dove l'hai lasciato / a chi l'hai prestato / cosa è successo, ecc.) e immagina la scena. Come finisce la discussione?

VARIETÀ 7

Osserviamo e leggiamo

a.
PRENDITI CURA DELLE PERSONE NON AUTOSUFFICIENTI E, SE PUOI, AIUTALE A METTERSI AL SICURO → Potrebbero non rendersi conto del pericolo

b.
SE POSSIBILE CERCA DI USCIRE O PORTA-TI IN UN LUOGO SICURO → In questo mo-do eviterai di respirare fumo e di rimane-re coinvolto nell'incendio

c.
SE AVVERTI UN MALESSERE, CONTATTA IMMEDIATAMENTE IL 118→ Puoi esserti in-tossicato respirando i fumi o altre sostanze presenti nell'ambiente

d.
SE IL FUMO È NELLA STANZA, FILTRA L'ARIA ATTRAVERSO UN PANNO, MEGLIO SE BAGNATO, E SDRAIATI SUL PAVIMEN-TO → A livello del pavimento l'aria è più respirabile

e.
SE ABITI IN UN CONDOMINIO RICORDA CHE IN CASO D'INCENDIO NON DEVI MAI USARE L'ASCENSORE → L'ascensore potreb-be rimanere bloccato ed intrappolarti al suo interno

f.
IN LUOGHI AFFOLLATI DIRIGITI VERSO LE USCITE DI SICUREZZA PIÙ VICINE, SEN-ZA SPINGERE O GRIDARE → Le uscite so-no realizzate per l'evacuazione rapida di tutte le persone!

Abbina i testi con i disegni giusti.

Rispondi.
1. Perché, in caso di incendio, dobbiamo uscire o ripararci in un luogo sicuro?
2. Perché dobbiamo sdraiarci sul pavimento?
3. Cosa non dobbiamo usare mai in caso di incendio?
4. Dove dobbiamo dirigerci se siamo in un luogo affollato?
5. Chi dobbiamo contattare se stiamo male?
6. Chi dobbiamo aiutare a mettersi al sicuro?

Giochiamo con le parole

Qual è l'intruso? Perché?
1. a) il fumo   b) il fuoco
   c) l'incendio   d) l'ascensore
2. a) il condominio   b) il malessere
   c) la casa   d) il palazzo
3. a) il vigile del fuoco b) la finestra
   c) il muro   d) la porta

Commentiamo e discutiamo

Secondo te, quali sono, tra queste, le cause possibili d'incendio?
1. La gente fuma nel letto.
2. L'impianto elettrico è troppo vecchio e può provocare dei cortocircuiti.
3. Quando si usa un caminetto è utile farlo spazzare ogni tanto.
4. La gente fa la doccia invece di fare il bagno.
5. Si mette troppa roba nel frigorifero.
6. Chi stira dimentica il ferro da stiro caldo sui panni.
7. Si passa troppo spesso l'aspirapolvere.
8. Si usa il forno a microonde invece del forno a gas o elettrico.
9. Qualche volta la gente dimentica di spegnere il gas.

- In certe città c'è un corpo di vigili del fuoco volontari. Ti sentiresti capace di partecipare alle operazioni dei pompieri?
- In questo documento si parla degli incendi all'interno di una casa. In quali altre situazioni corriamo il rischio di essere vittime di un incendio?
- Nelle stazioni di rifornimento quali consigli sono dati agli automobilisti che fanno il pieno di benzina?

In quali stanze della casa c'è il maggior rischio di provocare un incendio? Perché?
- La cucina   - Il soggiorno
- Il bagno   - Il garage
- La camera da letto

Immagina di trovarti in queste situazioni di pericolo. Cosa bisogna fare, secondo te?
a) Qualcuno rimane chiuso in ascensore.
b) Una persona si sente male per strada.
c) Ad un tratto un altoparlante (nel luogo dove ti trovi oppure per strada) annuncia che c'è la minaccia imminente di una bomba.
d) In un giardino pubblico con molti bambini c'è un cane aggressivo senza padrone.

VARIETÀ 8

Leggiamo

Questa conversazione è tratta da una scena del film *Pane e tulipani* di Silvio Soldini (2000). Costantino, un uomo di circa 30 anni, ha finalmente trovato un lavoro e deve partire per Venezia. La madre, preoccupata, gli ha preparato dei panini indicando le iniziali di quello che ha messo nel pane.

Mamma	Guarda che t'ho fatto: F frittata[1], S scamorza[2], M mortadella. E poi se ne vuoi un paio col salame di Milano ci mettiamo SM.
Costantino	Vado a Venezia, vado a Venezia, non in campeggio a Margherita di Savoia[3].
Mamma	E quanto dura questo "stage", eh, Tino?
Costantino	Una decina di giorni, te l'ho detto... E poi ho il telefonino, no? Eh! Io posso chiamare solo il dottor Barletta[4], ma tu mi puoi chiamare quando vuoi, ma'[5]. Questa volta è il posto fisso, uno e sette al mese, coi contributi[6].
Mamma	Ma perché proprio Venezia?
Costantino	È una città con grossissimi problemi idraulici. Hanno chiamato apposta un ingegnere dall'Olanda. Ma', perdo il treno...
Mamma	Hai preso lo spray per l'asma[7]?
Costantino	Sì.
Mamma	E hai messo i soldi dentro i calzini?
Costantino	Mamma, devo prendere il treno.
Mamma	Falle almeno un saluto, a Serena!
Costantino	Non siamo fidanzati.
Mamma	Dai, Tino!
Costantino	Ciao, ma'.
Mamma	Buon viaggio, figlio mio, *statte accorto*[8]!

[1] Uova e verdura
[2] Tipo di formaggio
[3] Cittadina termale vicino al Gargano, in Puglia.
[4] Il suo nuovo capo. In Italia i laureati (cioè chi ha fatto l'università) sono chiamati "dottore".
[5] Mamma
[6] Salario compresi i contributi sociali
[7] Problema respiratorio
[8] Forma dialettale per: Fai attenzione!

Per comprendere

Rispondi
1. Da dove è tratta questa scena?
2. Chi sono i protagonisti?
3. Qual è la situazione?
4. Cosa ha preparato la mamma?
5. Come ha indicato il contenuto dei panini?
6. Dove deve andare Costantino?
7. Quanto tempo durerà il suo stage?
8. Come farà per comunicare con la madre?
9. Cosa rischia di perdere Costantino? Perché è impaziente?
10. Cosa ha preso Costantino?
11. Qual è il consiglio della mamma per non farsi rubare i soldi?
12. Chi dovrebbe salutare prima di partire, secondo la mamma?
13. Perché lui non è d'accordo?

Giochiamo con le parole

Con che cosa si può preparare un panino? Indica almeno cinque ingredienti.

Trova nel testo le parole che corrispondono alle definizioni:

1. Un luogo di vacanza non troppo caro dove si può montare una tenda.
2. Circa dieci.
3. Un lavoro stabile.
4. Un uomo e una donna che progettano di sposarsi.

Costantino prenderà il treno. Quali altri mezzi di trasporto conosci?

Treno, ...

Qual è l'intruso? Perché?

1. a. La sceneggiatura   b. Il film
   c. La regia   d. Il concerto

2. a. Il regista   b. Il dottore
   c. Il cameraman   d. L' attore

3. a. Girare un film   b. Recitare in un film
   c. Produrre un film   d. Vedere un film

Commentiamo

Ti piace il dialogo che hai letto?
Che aspetto hanno i due personaggi?

Quali espressioni corrispondono all'atteggiamento della madre e del figlio? Riunisci gli elementi che ti sembrano giusti e scrivi una decina di righe per presentare i due personaggi e le loro relazioni.

La madre
È prudente – si fida del figlio – si occupa bene di lui – non gli lascia abbastanza autonomia — lui ha trent'anni ma la madre lo tratta come se fosse ancora un bambino – è preoccupata perché se ne va lontano da lei – è preoccupata perché lui è malato – gli dà consigli anche per quanto riguarda la sua vita sentimentale - è fiera di sapere che lui ha trovato un lavoro – crede che il figlio sia capace di affrontare i rischi della vita adulta – crede di essere indispensabile – teme che non abbia abbastanza da mangiare durante il viaggio

Il figlio
Ascolta con calma i consigli della madre – è fiero di aver trovato un lavoro – non è soddisfatto del salario che gli hanno promesso – è la prima volta che lavora - ha scelto di andare a Venezia per una gita con la fidanzata – non è più fidanzato – segue tutti i consigli della madre – è abituato a viaggiare e non teme di perdere il treno – quando viaggia si prepara da solo i panini - ubbidisce sempre alla mamma – si è informato sulla situazione di Venezia – sa rassicurare la madre - è in ottima salute – ha perso il biglietto – dice alla mamma che avrà troppo lavoro per poterle telefonare spesso

Discutiamo

- Hai mai fatto uno stage o un lavoretto? Se sì, dove?
- Con quale frequenza chiami i tuoi genitori quando non sei a casa?
- Quando viaggi, nascondi i tuoi soldi? Dove?
- Quando viaggi, cosa mangi e bevi? Dove?

Recitiamo

Sei Franco(a) e devi convincere tua madre a lasciarti partire per Venezia in aereo. Lei non è d'accordo perché ha paura. Tu la tranquillizzi dicendo che la chiamerai appena arrivato(a) in aeroporto. Allora lei ti dà dei panini e una bottiglietta di coca cola. Tu le dici che non puoi prendere niente da bere perché è vietato portare liquidi sull'aereo. Lei allora decide che se vuoi partire devi prendere il treno.

Osserviamo

> **mam|mì|smo** s.m.
> eccessivo bisogno di protezione materna in un
> individuo adulto | tendenza tipica di alcune madri
> a un opprimente comportamento protettivo verso
> i propri figli

Da T. De Mauro, *Il dizionario della lingua italiana*, Paravia

Conosci la parola ***mammone***? Qual è la definizione
giusta, secondo te?
a. una mamma grande e grossa
b. un ragazzo molto attaccato alla mamma
c. una mamma molto attaccata ai suoi figli

Leggiamo

Trentenni che vivono con i genitori: tutti "mammoni"?

Gli italiani fanno pochi figli, ma i figli rimangono figli più a lungo.

All'età di 25 anni in gran parte d'Europa solo
una minoranza dei giovani non hanno ancora
conquistato una propria autonomia. Nel nostro
paese è invece considerato normale rimanere nella
famiglia di origine fino ai 30 anni. Alla base di
questa particolarità della situazione italiana ci sono
senz'altro motivi culturali, ma negli ultimi anni
hanno acquisito sempre più peso anche fattori
di ordine economico.
Un chiaro segnale in questo senso è il cambiamento
della geografia del fenomeno. Per tutto il
Novecento, la lunga permanenza nella casa dei
genitori è stata un fenomeno tipico dell'Italia
settentrionale, ma negli ultimi anni la situazione
si è capovolta, tanto che attualmente (...) la quota
di uomini di età 25-34 anni ancora residenti nella
famiglia di origine risulta pari circa al 50% nel
Centro-Nord e al 57% nel Mezzogiorno
(per le donne i valori sono rispettivamente pari
al 33 e al 37%). (...)

Da www.neodemos.it, Alessandro Rosina, 4/7/2007

Osserviamo

Qual è il titolo di questo articolo?
E il sottotitolo?
In quanti paragrafi è diviso?
Da dove è tratto?
Chi l'ha scritto?

Per comprendere

Vero o falso? Giustifica la tua risposta.

1. Gli italiani fanno molti figli.
2. In Italia i figli restano a casa con i genitori fino a 25 anni e oltre.
3. I motivi di questo fenomeno sono culturali e economici.
4. I ragazzi del Sud che restano con la famiglia di origine sono più numerosi di quelli del Nord.
5. Le ragazze che restano a casa con i genitori sono più numerose dei ragazzi.

Commentiamo e discutiamo

Ma perché, secondo te, i giovani restano a casa dei genitori così a lungo?
Fai delle ipotesi con i compagni, poi leggi questo breve articolo. Avevi indovinato?

Mammoni per necessità
con pochi euro al mese non si può vivere da soli.

In Italia ci sono circa sei milioni di giovani tra i 20
e i 30 anni che vivono in casa con i genitori, anche
perché il 70 per cento di quelli che hanno un lavoro
(il più delle volte precario) non hanno la possibilità,
anche volendo, di vivere da soli (affitti troppo
cari). Inoltre un terzo dei ragazzi più grandi non ha
nessuna intenzione di lasciare mamma e papà, spesso
per gli stessi motivi. Molte le spiegazioni: è comodo
avere chi ti lava i panni, ti stira gli abiti, ti fa da
mangiare, ti pulisce la stanza, e il tutto a costo zero.

da www.agroamagazine.it, G. Laudani, 8/10/2007

VARIETÀ 9

Osserviamo

Fumetto, vignette, striscia. Qual è il significato di queste parole?

FUMETTO: Storia con personaggi disegnati (in realtà il fumetto è la nuvoletta che sembra uscire dalla bocca dei personaggi).
VIGNETTA: Disegno, scenetta figurata, umoristica o satirica.
STRISCIA: Storiella di pochi disegni.

In questa striscia, vediamo il cane Mosè, guardiano della fattoria Mackenzie. Deve restare sveglio per controllare che Lupo Alberto non entri per incontrare la fidanzata Marta, una gallina.
I disegni sono di un fumettista molto conosciuto in Italia, Silver. Se vuoi saperne di più puoi guardare su Internet i numerosi siti su Lupo Alberto e sulla fattoria Mackenzie (www.lupoalberto.it, www.ehilabeppe.com).

Per comprendere

1. In che stagione si svolge la scenetta, secondo te?
2. Da cosa si capisce?
3. Cosa fa il cane?
4. Perché è fuori casa?
5. Cosa vuol bere?
6. Perché non è contento?

Giochiamo con le parole

Completa le serie con i nomi mancanti.

Lunedì, martedì...
Gennaio, febbraio, marzo...
Inverno, primavera...

Cosa dici in queste situazioni?
Unisci le due colonne.

Quando fa caldo.   Che pioggia!
Quando fa freddo.   Che neve!
Quando piove molto.   Che caldo!
Quando nevica molto.   Che vento!
Quando c'è molto vento.   Che freddo!

Fa bel tempo o brutto tempo, quando?

Piove / C'è il sole / Nevica / È nuvoloso / Il cielo è coperto / Fa caldo / C'è vento / C'è nebbia / È sereno / C'è un temporale

Guarda questi nomi di vestiti. Quali di questi metti quando fa freddo? E quando piove? E in estate?...

impermeabile / costume da bagno / sciarpa di lana / pantaloni pesanti / pantaloncini corti / cappello / cappotto / maglietta / maglione / giacca a vento / stivali / sandali

CIELO

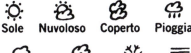

☀ Sole   ☁ Nuvoloso   ☁ Coperto   ☔ Pioggia

🌧 Rovesci   ⛈ Temporali   ❄ Neve   ≡ Nebbia

VENTO

← Debole   ↖ Moderato   ↗ Forte

MARE

Calmo	Mosso	Agitato
═	∿	M
Poco mosso	Molto mosso	Molto agitato

Commentiamo e discutiamo

Guarda ancora il fumetto. Puoi descrivere le quattro vignette?
Ti fanno ridere? Perché?
Secondo te, a cosa pensa Mosè in ogni vignetta?

Leggi molti fumetti? Quali?
Ti interessano di più i disegni o la storia?
Preferisci le storie a fumetti o i racconti scritti? Perché?
Sai disegnare bene?
Che tipo di disegni fai?

Disegniamo

- Hai mai provato a inventare storie a fumetti? Con un compagno, provate a creare una striscia o una vignetta umoristica (uno disegna e l'altro scrive le parole).
- Prova a copiare una vignetta di Silver.

**Guarda le due cartine dell'Italia.
A quale si riferisce la previsione?**

Venerdì: temporali al Nord e in Toscana. Variabile al centro e molto soleggiato in Puglia e in Calabria. Mari mossi e venti moderati.

Che tempo fa oggi da te?

Napoli, piazza Plebiscito sotto la pioggia

San Valentino

San Valentino

Fontana Maggiore

Grammatichetta

Ciao ragazzi!

Perugia

GRAMMATICHETTA

1. L'ARTICOLO DETERMINATIVO

	SINGOLARE	PLURALE
MASCHILE		
Davanti a una consonante	**IL** ragazzo	**I** ragazzi
Davanti a S + consonante, Z, PS, GN, X ,Y	**LO** zaino / straniero / yogurt	**GLI** zaini / stranieri /yogurt
Davanti a una vocale	**L'** amico	**GLI** amici
FEMMINILE		
Davanti a una consonante	**LA** ragazza	**LE** ragazze
Davanti a una vocale	**L'** idea	**LE** idee

L'articolo si usa con **l'ora** (sono **le** 7 e mezzo) con **gli anni** (**il** 2005 / **nel** 1970) e con **le percentuali** (**il** 25 %).

2. L'ARTICOLO INDETERMINATIVO

	SINGOLARE	PLURALE
MASCHILE		
Davanti a una consonante	**UN** libro	**DEI** libri
Davanti a S + consonante, Z, PS, GN, X ,Y	**UNO** studente / psicologo	**DEGLI** studenti / psicologi
Davanti a una vocale	**UN** italiano	**DEGLI** italiani
FEMMINILE		
Davanti a una consonante	**UNA** casa	**DELLE** case
Davanti a una vocale	**UN'** americana	**DELLE** americane

3. IL NOME E L'AGGETTIVO

A. IL GENERE DEL NOME
I nomi in – **O** sono quasi tutti maschili, i nomi in –**A** sono generalmente femminili, i nomi in –**E** sono maschili o femminili.

I nomi maschili che terminano in –**A** non sono molti (il poet**a**, il pilot**a**...), alcuni terminano in –**MA** (il proble**ma**, il te**ma**, il siste**ma**, il cli**ma**, il progra**mma**...);
altri terminano in –**ISTA** (il dent**ista**, il profession**ista**, il giornal**ista**...).

Sono generalmente maschili i **nomi**
che terminano in consonante: (il cami**on**, il comput**er**, il b**ar**...),
in – ORE (il fi**ore**, il dol**ore**, il sap**ore**...)
e **i nomi dei monti, fiumi, laghi, mari, i mesi e i giorni della settimana** (tranne **la** domenica)

I nomi femminili che terminano in –**O** (eccetto **la** mano) sono quasi sempre delle abbreviazioni (la radi**o**, la mot**o**, la fot**o**...).

Sono generalmente femminili **i nomi in –IONE** (la lezi**one**, la situazi**one**), **i nomi in –I** (la cris**i**, l'ipotes**i**...), **i nomi in –TÀ e –TÙ** (la liber**tà**, la gioven**tù**), **i nomi dei continenti, stati, regioni, città, isole** (ma alcuni stati sono maschili, come **il** Brasile, **il** Portogallo, **gli** Stati Uniti...).
Alcuni nomi di persona hanno il femminile in –**ESSA** (lo student**e** > la student**essa**).
I nomi maschili in – **TORE** hanno generalmente il femminile in –**TRICE** (l'att**ore** > l'att**rice**).

B. IL GENERE DELL'AGGETTIVO

Gli aggettivi maschili in **–O** hanno il femminile in **–A**.
Gli aggettivi maschili in **–E** hanno il femminile ugualmente in **–E**.

bell**o** – bell**a** / intelligent**e** – intelligent**e**

C. Il PLURALE DI NOMI E AGGETTIVI

	SINGOLARE	PLURALE
MASCHILE	- O	-I
	- E	-I
	- A	-I
FEMMINILE	-A	-E
	-E	-I

Il bambin**o** > i bambin**i** / il can**e** > i can**i** / il problem**a** > i problem**i** / la scuol**a** > le scuol**e** / la nav**e** > le nav**i** /
la cris**i** > le cris**i**   **NB:**   la man**o** > le man**i**

Non cambiano al plurale:
I nomi che terminano per consonante: **il film > i film**
I nomi che hanno l'accento sull'ultima sillaba: **la città > le città**
I monosillabi: **il re> i re**
I nomi che sono abbreviazioni: **la** foto **> le** foto
I nomi che terminano in i: **la** cris**i** > **le** cris**i**
I nomi che finiscono in - **ie**: la spec**ie** > le spec**ie**… (eccetto le mogli, le superfici)

I nomi e gli aggettivi femminili che terminano in **– CA /- GA** hanno il plurale in **–CHE / -GHE** (l'ami**ca** >
le ami**che** / la dro**ga** > le dro**ghe** / anti**ca** > anti**che**)
I nomi e gli aggettivi maschili che terminano in **– CO / -GO** hanno il plurale in **– CHI / -GHI** se hanno l'accento
sulla penultima sillaba (il tede**sco** > i tede**schi** / l'alber**go** > gli alber**ghi**) e hanno il plurale in **– CI / -GI** se hanno
l'accento sulla terzultima sillaba (il m<u>e</u>di**co** > i m<u>e</u>di**ci** / lo psic<u>o</u>lo**go** > gli psic<u>o</u>lo**gi**). **NB:** ci sono delle eccezioni
(l'ami**co** > gli ami**ci**…)

I nomi e gli aggettivi in **–CIA / -GIA** hanno il plurale in **– CE / -GE** se la sillaba finale è preceduta da una
consonante (l'aran**cia** > le aran**ce** / la spiag**gia** > le spiag**ge**) e hanno il plurale in **– CIE / -GIE** se la sillaba finale
è preceduta da una vocale (la cami**cia** > le cami**cie** / la vali**gia** > le vali**gie**).

I nomi e gli aggettivi in **–IO** hanno generalmente il plurale in **–I** (il negoz**io** > i negoz**i** / l'orolog**io** > gli orolog**i**).
Se l'accento tonico è sulla I della desinenza - **IO** fanno il plurale in **–II** (lo z<u>io</u> > gli z**ii**)

Alcune **parti del corpo** sono maschili al singolare e femminili in **–A** al plurale: **il** dit**o** > **le** dit**a** / **il** bracci**o** >
le bracci**a** / **il** ginocchi**o** > **le** ginocchi**a** / **il** cigli**o** > **le** cigli**a** / **il** sopracci**glio** > **le** sopracci**glia** / **il** labbr**o** > **le** labbr**a**.

Alcuni plurali irregolari: l'uomo > gli uomini / il dio > gli dei / l'uovo > le uova / il paio > le paia / il centinaio >
le centinaia / il migliaio > le migliaia.

Alcuni nomi si usano solo al singolare (la gente, la frutta), **altri si usano solo al plurale** (i pantaloni,
gli occhiali…).

I SUFFISSI ALTERATIVI del nome e dell'aggettivo

-ONE / A dà l'idea di grande   un libr**one**> un libro grande
-INO/ A e **– ETTO /A** dà l'idea di piccolo   un gatt**ino** > un gatto piccolo
          un quadr**etto** > un quadro piccolo
- ACCIO /A dà l'idea di brutto e / o cattivo   un film**accio** > un brutto film
          un ragazz**accio** > un ragazzo cattivo.

4. GLI AGGETTIVI E PRONOMI POSSESSIVI

MASCHILE		FEMMINILE	
SINGOLARE	PLURALE	SINGOLARE	PLURALE
il mio	i miei	la mia	le mie
il tuo	i tuoi	la tua	le tue
il suo	i suoi	la sua	le sue
il nostro	i nostri	la nostra	le nostre
il vostro	i vostri	la vostra	le vostre
il loro	i loro	la loro	le loro

Non si usa l'articolo:
con i nomi di parenti **al singolare** (**mio** fratello > **i miei** fratelli)
tranne che:
con *loro* (**la loro** sorella), quando si usa un diminutivo (**la mia** cuginetta), per una forma affettiva (**il mio** papà),
con un aggettivo (**il suo** fratello maggiore), o un complemento (**il vostro** zio d'America).
Questa regola non è sempre rispettata (**la mia** mamma / **mia** mamma).

5. I PRONOMI PERSONALI

SOGGETTO	COMPLEMENTO		RIFLESSIVI	ACCOPPIATI
	DIRETTI	INDIRETTI		
Io	Mi	Mi	Mi	Me lo/la/li/le/ne
Tu	Ti	Ti	Ti	Te lo/la/li/le/ne
Lui	Lo	Gli	Si	Glielo/la/li/le/ne
Lei	La	Le	Si	Glielo/la/li/le/ne
Noi	Ci	Ci	Ci	Ce lo/la/li/le/ne
Voi	Vi	Vi	Vi	Ve lo/la/li/le/ne
Loro	Li (m) / le (f)	Gli / loro	Si	Glielo/la/li/le/ne

Esistono due forme per la terza persona plurale, es. ho detto **loro** la verità = **gli** ho detto la verità (più usato all'orale), **L'**ho detta **loro** = **Gliel'**ho detta.

Generalmente i pronomi soggetto non si esprimono > (Io) sono italiano.
Se si vuole insistere o in caso di ambiguità si indica il soggetto > io sono americana e lui è francese.

I pronomi diretti e indiretti possono essere "forti" (me, te, lui, lei, noi, voi, loro) quando si vuole accentuare il complemento > accompagni **me** o **lei**? / **A me** piace la musica classica, e **a te**?
Quando i pronomi diretti LO / LA / LI /LE sono davanti all'ausiliare
avere + participio passato, il participio si accorda > l'ho accompagnato/**a**, li/le ho visti/**e**.
Con i pronomi diretti MI /TI /CI /VI l'accordo non è obbligatorio > **ci** ha accompagnato/**i**

6. GLI USI DI CI E NE

"Quando vai a Roma?" "**Ci** vado domani." (ci = a Roma)
"Avete il libro d'italiano?" "Sì, **ce** l'abbiamo."
Perché non **ci** rispondi? (ci = a noi)
Non **ci** capisco niente. (ci = di questa cosa)

"Quanti anni hai" "**Ne** ho già 18"
"Ti ho parlato di mia cugina Clara?" "Sì, me **ne** hai già parlato." (ne = di lei)

7. LE PREPOSIZIONI SEMPLICI e LE PREPOSIZIONI ARTICOLATE

	DI	A	DA	IN	SU	CON	PER	TRA	FRA
IL	DEL	AL	DAL	NEL	SUL	--	--	--	--
LO	DELLO	ALLO	DALLO	NELLO	SULLO	--	--	--	--
L'	DELL'	ALL'	DALL'	NELL'	SULL'	--	--	--	--
I	DEI	AI	DAI	NEI	SUI	--	--	--	--
GLI	DEGLI	AGLI	DAGLI	NEGLI	SUGLI	--	--	--	--
LA	DELLA	ALLA	DALLA	NELLA	SULLA	--	--	--	--
LE	DELLE	ALLE	DALLE	NELLE	SULLE	--	--	--	--

Alcuni usi delle preposizioni:

DI
Si usa per indicare la proprietà (è il libro **di** Paolo), la materia (un anello **d'**oro), la specificazione (il libro **di** geografia), per paragonare (Carlo è più alto **di** me)...
Anche nelle espressioni **d'**inverno, **d'**estate, **di** giorno, **di** notte e dopo alcuni verbi: dire **di** sì / no, cercare **di**, sperare **di**, parlare **di**, ecc.

A
Si usa con i nomi di città (abito **a** Roma / vado **a** Milano), con le espressioni: davanti **a**, dietro **a**, vicino **a**, ecc, con il verbo **andare** + infinito (vado **a** fare i compiti), con il verbo **giocare** (giocare **a** carte, **a** tennis, ecc), in numerose espressioni (**a** scuola, **a** casa, **a** nord, **a** sud, **a** Natale), per indicare l'ora (**a** mezzogiorno, **alle** due e mezzo). **FINO A** si usa per esprimere il limite di un'azione nello spazio (cammina **fino al** semaforo) e nel tempo (ho letto **fino alle** 11 di sera)

DA
Si usa per indicare l'origine nello spazio e nel tempo (viene **da** Genova / abita a Rimini **da** due anni), la differenza (Paolo è molto diverso **da** suo fratello), l'uso di un oggetto (gli occhiali **da** sole), la possibilità o necessità (qui non c'è niente **da** fare, a Roma ci sono molti monumenti **da** vedere), l'abitazione di una persona (oggi mangio **da** Renato), il complemento d'agente (questo libro è stato scritto **da** Umberto Eco)

IN
Si usa per indicare una posizione (il libro è **nel** mio zaino), con i nomi di nazione (abito **in** Italia) e di regione (viviamo **in** Toscana) e con i mezzi di trasporto (vengo **in** macchina).

CON
Si usa per indicare la compagnia (vieni **con** me?) o la maniera (mi guardava **con** aria triste).

TRA / FRA
Sono equivalenti. Si usano per indicare un momento del futuro (verrò a trovarti **tra** due settimane), la posizione (la penna è **fra** il diario e il libro) e hanno un valore partitivo (**tra** tutte le regioni italiane, preferisco l'Umbria)

8. GLI AVVERBI

Gli avverbi di maniera si formano dal femminile dell'aggettivo:

aggettivo	femminile	avverbio
ver**o**	ver**a**	ver**a**mente
recent**e**	recent**e**	recent**e**mente

Quando un aggettivo finisce con **–re** o **–le**, l'avverbio si forma così: **regolar-mente**, **general-mente**
Eccezioni: **bene, male, leggermente, violentemente**....

I più comuni avverbi di tempo sono: **presto, tardi, sempre, mai, spesso, raramente, talvolta, ogni tanto, qualche volta, subito, prima, poi, dopo, ora, adesso**...

I più comuni avverbi di luogo sono: **qui, qua, lì, là, laggiù, lassù**...

Troppo, molto, tanto, parecchio, abbastanza, poco, soltanto, solo... sono avverbi di quantità, e quindi sono invariabili, quando si trovano con un verbo (ho mangiato **troppo**), un aggettivo (Paola è **molto** stanca), con un altro avverbio (Sto **molto** bene)
Attenzione. Quando **troppo, molto, tanto, parecchio, poco** si trovano davanti a un nome, sono aggettivi e si accordano (ho letto **molti libri**, abbiamo **poche vacanze**).

9. QUESTO E QUELLO

Quando QUESTO è aggettivo, al singolare, davanti a un nome che comincia con una vocale, diventa **quest'** (quest'anno, quest'estate).
Negli altri casi: **questo** libro (maschile singolare), **questa** ragazza (femminile singolare), **questi** libri (maschile plurale), **queste** ragazze (femminile plurale).
Si usa per indicare qualcosa che è vicino a chi parla, nel tempo o nello spazio (quest'inverno vado a sciare, questo ragazzo è mio fratello).

L'aggettivo QUELLO si comporta come l'articolo determinativo:

Il / quel	ragazzo	I / quei	ragazzi
Lo / quello	studente	Gli / quegli	studenti
L' / quell'	amico	Gli / quegli	amici
La / quella	ragazza	Le / quelle	ragazze
L' / quell'	amica	Le / quelle	amiche

Si usa per indicare qualcosa che è lontano nel tempo o nello spazio (**quel** ragazzo **laggiù** è mio fratello, ti ricordi **quell'anno** in cui siamo andati in vacanza in campeggio?)

Questo e **quello** possono anche essere pronomi (Guarda i maglioni: preferisci **questo** giallo che vedi qui o **quello** blu in vetrina?)

10. BELLO E BUONO

Anche l'aggettivo BELLO, davanti a un nome, si comporta come l'articolo determinativo:

bel	ragazzo	bei	ragazzi
bello	studente	begli	studenti
bell'	amico	begli	amici
bella	ragazza	belle	ragazze
bell'	amica	belle	amiche

Attenzione: *un **bel** film* ma *un film **bello***.

BUONO, davanti a un nome, si comporta come l'articolo indeterminativo:

buon	libro / amico
buono	studente
buon'	idea
buona	pizza

Al plurale: **buoni** al maschile plurale (buoni amici, buoni spaghetti) e **buone** al femminile plurale (buone amiche, buone lasagne)

11. GLI INDEFINITI

OGNI, QUALCHE, QUALSIASI / QUALUNQUE sono solo aggettivi (quindi sempre seguiti da un nome) e si usano solo al singolare (**qualche** vol**ta**, **ogni** gior**no**, **qualsiasi** cosa)

ALCUNI / E può essere aggettivo o pronome e si usa solo al plurale (ieri ho visto **alcuni** amici / ci sono **molte** pagine, leggiamone **alcune**).

NESSUNO (come anche CIASCUNO) può essere aggettivo o pronome. Si usa solo al singolare e segue la regola dell'articolo un / uno / un' (**nessuno st**udente, **nessun a**mico, **nessun r**agazzo, **nessun'a**ltra persona). Quando **nessuno** segue un verbo deve essere preceduto da **non** (Ieri **non** ho incontrato **nessuno**, **non** mangio **nessun** dolce da una settimana).

CHIUNQUE, NIENTE / NULLA, OGNUNO, QUALCOSA, QUALCUNO, UNO si usano solo come pronomi e sono sempre singolari (**chiunque** può entrare, conosco **qualcuno** in Italia...).
Qualcuno si può usare al femminile: **qualcuna** (ho letto molte novelle di Buzzati e qualcuna mi piace moltissimo).
Niente / nulla, se seguono un verbo, devono essere preceduti da **non** (non ho mangiato nulla).

12. IL COMPARATIVO

Può essere di minoranza (**meno di / che**), di uguaglianza (**tanto... quanto, così... come**), di maggioranza (**più di / che**).

Attenzione: quando si paragonano due soggetti, si usa **più (meno)...di**: Paolo è meno alto **di** suo fratello (sostantivo), Carla è più piccola **di** me (pronome personale).
Negli altri casi si usa **più (meno)...che**: Lucia è più simpatica **che** intelligente (aggettivo) / stare a casa è più noioso **che** uscire (verbo) / leggere un articolo su internet è meno interessante **che** sul giornale (preposizione) / Carlo parla inglese più facilmente **che** correttamente (avverbio) / leggo più libri **che** riviste (sostantivo che non ha funzione di soggetto).

Nei comparativi di uguaglianza, **tanto** e **così** sono facoltativi: Paolo è (tanto) alto quanto Luigi, Cinzia è (così) bella come simpatica.

Alcuni comparativi di aggettivi sono irregolari: buono > **migliore** (= più buono), cattivo > **peggiore** (= più cattivo), grande > **maggiore** (= più grande), piccolo > **minore** (= più piccolo).
Alcuni comparativi di avverbi hanno una forma particolare: bene > **meglio**, male > **peggio**, molto > **più**, poco > **meno**.

13. IL SUPERLATIVO

Può essere *relativo* e si forma con l'articolo determinativo + il comparativo di maggioranza o di minoranza:
Roma è **la** città **più grande d'**Italia = Roma è **la più grande** città d'Italia = **Fra / tra** tutte le città d'Italia, Roma è **la più grande** / Mio fratello **è il meno biondo (ragazzo) della** famiglia = mio fratello è **il** ragazzo **meno biondo della** famiglia = **fra** tutti i ragazzi della famiglia, mio fratello è **il meno biondo**.

Può essere *assoluto* e si forma aggiungendo il suffisso **–issimo** all'aggettivo o all'avverbio.
Bello > **bell-issimo** (= molto bello), recente > **recent-issimo** (= molto recente), bene > **ben-issimo** (= molto bene).
Aggettivi e avverbi in **–co e –go**: lungo > **lungh-issimo**, poco > **poch-issimo**.

Alcuni superlativi sono irregolari:
buono > **il migliore** (= il più buono) > **ottimo** (= buonissimo), cattivo > **il peggiore** (= il più cattivo) > **pessimo** (= cattivissimo), grande > **il maggiore** > **massimo**, piccolo > **il minore** > **minimo**. La mia sorella maggiore (= la mia sorella più grande) si chiama Milena.

14. PRONOMI RELATIVI

Senza preposizione	Con preposizione (a, di, in, con, su...)
CHE	CUI

CHE può essere soggetto (il ragazzo **che** è seduto al bar è mio fratello) o complemento oggetto (il motorino **che** ho comprato è molto veloce).

CUI è preceduto da una preposizione: la casa **in cui** abito è molto vecchia, i ragazzi **a cui** parli sono americani, la sedia **su cui** sei seduta è rotta, la persona **con cui** sta parlando Gianni è suo padre...

15. I NUMERI CARDINALI E I NUMERI ORDINALI

	Cardinale	Ordinale			
1	uno	primo	20	venti	ventesimo
2	due	secondo	21	vent**uno**	ventunesimo
3	tre	terzo	22	ventidue	ventiduesimo
4	quattro	quarto	23	ventitrè	ventit**ree**simo
5	cinque	quinto	24	ventiquattro	ventiquattresimo
6	sei	sesto	25	venticinque	venticinquesimo
7	sette	settimo	26	ventisei	ventis**ei**esimo
8	otto	ottavo	27	ventisette	ventisettesimo
9	nove	nono	28	vent**otto**	ventottesimo
10	dieci	decimo	29	ventinove	ventinovesimo
11	undici	undic**esimo**	30	trenta	trentesimo
12	dodici	dodicesimo	31	trentuno	trentunesimo
13	tredici	tredicesimo	32	trentadue...	trentaduesimo
14	quattordici	quattordicesimo	40	quaranta	quarantesimo
15	quindici	quindicesimo	50	cinquanta	cinquantesimo
16	sedici	sedicesimo	60	sessanta	sessantesimo
17	diciassette	diciassettesimo	70	settanta	settantesimo
18	diciotto	diciottesimo	80	ottanta	ottantesimo
19	diciannove	diciannovesimo	90	novanta	novantesimo
			100	cento	centesimo
			200	duecento...	duecentesimo
			1000	mille	millesimo

Attenzione: due**mila**, tre**mila**... / un milion**e**, due milion**i**... / un miliard**o**, due miliard**i**...

In italiano i numeri si scrivono in un' unica parola fino a 999.999 (novecentonovantanovemilanovecentonovantanove)

I nomi dei re e papi si scrivono generalmente in cifre romane e si pronunciano con i numeri ordinali: Vittorio Emanuele II (secondo) e Papa Giovanni XXIII (ventitreesimo).

Per indicare i secoli si dice: il Duecento = il tredicesimo secolo... fino al Novecento = il ventesimo secolo.

L'ORA

Per rispondere alla domanda *Che ora è? / Che ore sono?* si usa l'articolo:
(sono) **le** due, **le** tre e cinque, **le** quattro **e un quarto**, **le** cinque **e mezzo(a)**, **le** sei **meno** venti, **le** sei **e tre quarti** = **le** sette **meno un quarto**.
Attenzione: (è) **l'**una, (è) **mezzogiorno, mezzanotte.**

Per rispondere alla domanda *A che ora?* si usa sempre la preposizione A:
alle due, **all'**una, **a** mezzogiorno, **a** mezzanotte.

Le dodici, le tredici... le ventiquattro si usano solo per indicare orari ufficiali. Nella lingua parlata: l4.00 = le due (del pomeriggio), 19.00 = le sette (di sera) ecc.

IL TEMPO

Abito a Londra **da** un anno. (inizio di un'azione che dura ancora)
Andrò ad abitare a Londra **fra** un anno. (momento nel futuro)
Abiterò a Londra **per** un anno / Ho abitato a Londra **per** un anno. (durata)
Ho visitato Londra un anno **fa**. (momento del passato)
Ho imparato l'inglese **in** un anno. (tempo necessario)
Entro domani devo finire questa traduzione (tempo massimo per concludere un'azione)

I VERBI

I verbi regolari si dividono in tre coniugazioni:

- are (parl - ARE) / - ere (prend - ERE) / - ire (part - IRE e fin - IRE)

IL PRESENTE INDICATIVO

Verbi regolari

	Parlare	**Prendere**	**Partire**	**Finire**
(io)	parl**o**	prend**o**	part**o**	fin**isco**
(tu)	parl**i**	prend**i**	part**i**	fin**isci**
(lui, lei, Lei)	parl**a**	prend**e**	part**e**	fin**isce**
(noi)	parl**iamo**	prend**iamo**	part**iamo**	fin**iamo**
(voi)	parl**ate**	prend**ete**	part**ite**	fin**ite**
(loro)	parl**ano**	prend**ono**	part**ono**	fin**iscono**

Come *partire*: aprire, coprire, dormire, offrire, scoprire, sentire, servire, soffrire
Come *finire*: capire, preferire, spedire...

Verbi in – care, - gare, - ciare, - giare

	giocare	**pagare**	**cominciare**	**mangiare**
(io)	gioco	pago	comincio	mangio
(tu)	gio**chi**	pa**ghi**	cominci	mang**i**
(lui, lei, Lei)	gioca	paga	comincia	mangia
(noi)	gio**chiamo**	pa**ghiamo**	cominciamo	mang**iamo**
(voi)	giocate	pagate	cominciate	mangiate
(loro)	giocano	pagano	cominciano	mangiano

Gli ausiliari

	Essere	**Avere**
(io)	**sono**	**ho**
(tu)	**sei**	**hai**
(lui, lei, Lei)	**è**	**ha**
(noi)	**siamo**	**abbiamo**
(voi)	**siete**	**avete**
(loro)	**sono**	**hanno**

Principali verbi irregolari

	Fare	Dare	Stare	Dovere	Andare	Potere	Volere
(io)	faccio	do	sto	devo	vado	posso	voglio
(tu)	fai	dai	stai	devi	vai	puoi	vuoi
(lui, lei, Lei)	fa	dà	sta	deve	va	può	vuole
(noi)	facciamo	diamo	stiamo	dobbiamo	andiamo	possiamo	vogliamo
(voi)	fate	date	state	dovete	andate	potete	volete
(loro)	fanno	danno	stanno	devono	vanno	possono	vogliono

	Spegnere	Rimanere	Sedersi	Bere	Piacere	Tenere	Venire
(io)	spengo	rimango	mi siedo	bevo	piaccio	tengo	vengo
(tu)	spegni	rimani	ti siedi	bevi	piaci	tieni	vieni
(lui, lei, Lei)	spegne	rimane	si siede	beve	piace	tiene	viene
(noi)	spegniamo	rimaniamo	ci sediamo	beviamo	piacciamo	teniamo	veniamo
(voi)	spegnete	rimanete	vi sedete	bevete	piacete	tenete	venite
(loro)	spengono	rimangono	si siedono	bevono	piacciono	tengono	vengono

	Dire	Salire	Tradurre	(Pro)porre	Trarre	Uscire	Sapere
(io)	dico	salgo	traduco	(pro)pongo	traggo	esco	so
(tu)	dici	sali	traduci	(pro)poni	trai	esci	sai
(lui, lei, Lei)	dice	sale	traduce	(pro)pone	trae	esce	sa
(noi)	diciamo	saliamo	traduciamo	(pro)poniamo	traiamo	usciamo	sappiamo
(voi)	dite	salite	traducete	(pro)ponete	traete	uscite	sapete
(loro)	dicono	salgono	traducono	(pro)pongono	traggono	escono	sanno

Come *tradurre*: condurre, produrre, sedurre...
Come *proporre*: comporre, supporre, disporre...
Come *trarre*: distrarre, contrarre, attrarre...

Verbi riflessivi e pronominali

	Chiam**arsi**
(io)	MI chiamo
(tu)	TI chiami
(lui, lei, Lei)	SI chiama
(noi)	CI chiamiamo
(voi)	VI chiamate
(loro)	SI chiamano

I verbi riflessivi e pronominali si coniugano come i verbi normali ma con i pronomi riflessivi davanti al verbo.

PIACERE

Mi **piace** + sostantivo singolare > Mi PIACE la musica. / mi **piace** + infinito > Mi PIACE leggere.
Mi **piacciono** + sostantivo plurale > Mi PIACCIONO le poesie.

ESSERCI

C'È + sostantivo singolare > C'è un libro sul tavolo.
CI SONO + sostantivo plurale > Ci sono due libri sul tavolo.

LA FORMA IMPERSONALE

SI + verbo al singolare > In questo ristorante SI MANGIA bene.

IL "SI" PASSIVANTE

Se il nome che segue il verbo è singolare, allora il verbo è singolare. > Qui SI PARLA l'italiano.

Se il nome che segue il verbo è plurale, allora il verbo è plurale. => Qui SI PARLANO molte lingue.

ALTRI VERBI ALLA FORMA IMPERSONALE

BISOGNA / OCCORRE + infinito (bisogna comprare il pane), BISOGNA CHE / OCCORRE CHE + congiuntivo
(bisogna che tu venga qui)

CI VUOLE / OCCORRE / SERVE + nome al singolare (ci vuole la farina per fare la pizza)
CI VOGLIONO / OCCORRONO / SERVONO + nome al plurale (ci vogliono molti soldi per comprare una casa)

BASTA + infinito (per dimagrire basta mangiare meno)
BASTA CHE + congiuntivo (vengo con voi, basta che mi telefoniate)
BASTA + nome al singolare (basta un'ora per finire l'esercizio)
BASTANO + nome al plurale (bastano tre giorni per fare questo lavoro)

IL GERUNDIO

Verbi regolari

Verbi in – ARE > - ANDO	mangiare > mang**iando**
Verbi in - ERE e in – IRE > - ENDO	mettere > mett**endo**, finire > fin**endo**

Verbi irregolari
fare > **facendo** / dire > **dicendo** / bere > **bevendo** / tradurre, produrre... > tra**ducendo**, producendo... /
proporre, disporre... > pro**ponendo**, disponendo... / trarre, sottrarre... > **traendo**, sottraendo...

STARE + GERUNDIO si usa per indicare l'azione del momento. > In questo momento Luca sta dormendo.

STARE PER + INFINITO si usa per indicare un'azione sul punto di compiersi. > Il treno sta per entrare nella
stazione = il treno è sul punto di entrare nella stazione.

IL PASSATO PROSSIMO

Il passato prossimo si forma con l'ausiliare *avere* o *essere* al presente indicativo seguito dal participio passato
di un verbo. Si usa per parlare di azioni avvenute nel passato.

Verbi in – ARE > - ATO	mangiare > mang**iato**
Verbi in – ERE > - UTO	ricevere > rice**vuto**
Verbi in – IRE > - ITO	finire > fin**ito**

	Con l'ausiliare *avere*	Con l'ausiliare *essere*
	Parlare	**Partire**
(io)	**Ho** parlato	**Sono** partito/a
(tu)	**Hai** parlato	**Sei** partito/a
(lui, lei, Lei)	**Ha** parlato	**È** partito/a
(noi)	**Abbiamo** parlato	**Siamo** partiti/e
(voi)	**Avete** parlato	**Siete** partiti/e
(loro)	**Hanno** parlato	**Sono** partiti/e

I verbi che indicano movimento, trasformazione e durata vogliono l'ausiliare *essere*: **andare, venire, uscire,
entrare, tornare..., crescere, ingrassare, dimagrire, invecchiare..., durare, iniziare, cominciare, finire,
terminare...** > Mio fratello e io siamo andati a casa presto, Giulia è cresciuta 10 centimetri, la lezione è durata
due ore.

I verbi **iniziare** e **finire** (e i sinonimi) hanno l'ausiliare *avere* quando c'è un complemento oggetto o quando sono seguiti da a + infinito > Ho finito il mio libro, ho cominciato a studiare l'italiano.

Altri verbi che vogliono l'ausiliare *essere*: **essere, riuscire, costare, piacere, bastare, sembrare, cambiare** > Luca e Stefano sono stati un mese a Parigi, Carla è riuscita a fare un esercizio molto difficile, questi pantaloni sono costati 50 euro, questa canzone mi è piaciuta molto...

Verbi riflessivi e pronominali

	Lav**arsi**
(io)	Mi sono lavato/a
(tu)	Ti sei lavato/a
(lui, lei, Lei)	Si è lavato/a
(noi)	Ci siamo lavati/e
(voi)	Vi siete lavati/e
(loro)	Si sono lavati/e

Principali participi irregolari

Essere > stato	Scendere > sceso	Rimanere > rimasto	Proporre > proposto
Fare > fatto	Accendere > acceso	Rispondere > risposto	Trarre > tratto
Leggere > letto	Dividere > diviso	Vedere > visto	Nascere > nato
Scrivere > scritto	Decidere > deciso	Nascondere > nascosto	Cuocere > cotto
Dire > detto	Ridere > riso	Perdere > perso	Correre > corso
Prendere > preso	Mettere > messo	Aprire > aperto	Venire > venuto
Spendere > speso	Discutere > discusso	Offrire > offerto	Soffrire > sofferto
	Succedere > successo	Morire > morto	
	Bere > bevuto	Tradurre > tradotto	

IL TRAPASSATO PROSSIMO

Si forma con l'ausiliare *avere* o *essere* all'imperfetto indicativo e il participio passato. > Avevo fatto, ero andato/a.

L'IMPERFETTO INDICATIVO

Verbi regolari

	Parlare	Prendere	Partire	Finire
(io)	parl**avo**	prend**evo**	part**ivo**	fin**ivo**
(tu)	parl**avi**	prend**evi**	part**ivi**	fin**ivi**
(lui, lei, Lei)	parl**ava**	prend**eva**	part**iva**	fin**iva**
(noi)	parl**avamo**	prend**evamo**	part**ivamo**	fin**ivamo**
(voi)	parl**avate**	prend**evate**	part**ivate**	fin**ivate**
(loro)	parl**avano**	prend**evano**	part**ivano**	fin**ivano**

Principali verbi irregolari

	Essere	Dire	Fare	Bere	Tradurre	Proporre	Trarre
(io)	**ero**	dicevo	facevo	bevevo	traducevo	proponevo	traevo
(tu)	**eri**	dicevi	facevi	bevevi	traducevi	proponevi	traevi
(lui, lei, Lei)	**era**	diceva	faceva	beveva	traduceva	proponeva	traeva
(noi)	**eravamo**	dicevamo	facevamo	bevevamo	traducevamo	proponevamo	traevamo
(voi)	**eravate**	dicevate	facevate	bevevate	traducevate	proponevate	traevate
(loro)	**erano**	dicevano	facevano	bevevano	traducevano	proponevano	traevano

L'imperfetto si usa per descrivere una situazione del passato. > Quando abitavo a Londra, bevevo molto tè. Ieri mattina Paolo è arrivato mentre (io) facevo colazione.

IL FUTURO

Verbi regolari

	Parlare	Prendere	Partire
(io)	parlerò	prenderò	partirò
(tu)	parlerai	prenderai	partirai
(lui, lei, Lei)	parlerà	prenderà	partirà
(noi)	parleremo	prenderemo	partiremo
(voi)	parlerete	prenderete	partirete
(loro)	parleranno	prenderanno	partiranno

Gli ausiliari e i principali verbi irregolari

	Essere	Avere	Fare	Volere
(io)	sarò	avrò	farò	vorrò
(tu)	sarai	avrai	farai	vorrai
(lui, lei, Lei)	sarà	avrà	farà	vorrà
(noi)	saremo	avremo	faremo	vorremo
(voi)	sarete	avrete	farete	vorrete
(loro)	saranno	avranno	faranno	vorranno

Come *avere*: **andare > andrò, andrai, andrà, andremo, andrete, andranno**
Vedere > vedrò... / Sapere > saprò... / Potere > potrò... / Dovere > dovrò... / Cadere > cadrò... / Vivere < vivrò...
Come *fare*: **stare > starò... / dare > darò...**
Come *volere*: **venire > verrò... / tenere > terrò... / rimanere > rimarrò... / bere > berrò...**

Il futuro si usa
per indicare un'azione futura > Domani andrò al cinema con Paolo.
per fare una supposizione o indicare una probabilità > "Quanti anni avrà la ragazza sulla foto?"
"Non so, avrà 16 o 17 anni."
per dare un ordine > Quando avrai finito i compiti, pulirai la camera poi aiuterai tuo fratello.

IL FUTURO ANTERIORE
Il futuro anteriore si forma con l'ausiliare *avere* o *essere* al futuro seguito dal participio passato di un verbo. >
Quando avremo finito l'esercizio, potremo uscire.

IL CONDIZIONALE

Verbi regolari

	Parlare	Prendere	Partire
(io)	parlerei	prenderei	partirei
(tu)	parleresti	prenderesti	partiresti
(lui, lei, Lei)	parlerebbe	prenderebbe	partirebbe
(noi)	parleremmo	prenderemmo	partiremmo
(voi)	parlereste	prendereste	partireste
(loro)	parlerebbero	prenderebbero	partirebbero

Gli ausiliari e i principali verbi irregolari

	Essere	Avere	Fare	Volere
(io)	sarei	avrei	farei	vorrei
(tu)	saresti	avresti	faresti	vorresti
(lui, lei, Lei)	sarebbe	avrebbe	farebbe	vorrebbe
(noi)	saremmo	avremmo	faremmo	vorremmo
(voi)	sareste	avreste	fareste	vorreste
(loro)	sarebbero	avrebbero	farebbero	vorrebbero

Come *avere*: **andare > andrò, andrei, andrebbe, andremmo, andreste, andrebbero**
Vedere > vedrei... / Sapere > saprei... / Potere > potrei... / Dovere > dovrei... / Cadere > cadrei...
Come *fare*: **stare > starei... / dare > darei...**
Come *volere*: **venire > verrei... / tenere > terrei... / rimanere > rimarrei... / bere > berrei...**

Il condizionale si usa
per dare un consiglio > Dovresti smettere di fumare.
per chiedere qualcosa gentilmente > Mi presteresti il tuo dizionario, per favore?
per esprimere un desiderio > Vorrei una coca cola e un panino.

IL CONGIUNTIVO PRESENTE

Verbi regolari

	Parlare	Prendere	Partire	Finire
(io)	parli	prenda	parta	finisca
(tu)	parli	prenda	parta	finisca
(lui, lei, Lei)	parli	prenda	parta	finisca
(noi)	parliamo	prendiamo	partiamo	finiamo
(voi)	parliate	prendiate	partiate	finiate
(loro)	parlino	prendano	partano	finiscano

Gli ausiliari e i principali verbi irregolari

	Essere	Avere	Fare	Dare	Stare	Dovere	Andare	Potere
(io)	sia	abbia	faccia	dia	stia	debba	vada	possa
(tu)	sia	abbia	faccia	dia	stia	debba	vada	possa
(lui, lei, Lei)	sia	abbia	faccia	dia	stia	debba	vada	possa
(noi)	siamo	abbiamo	facciamo	diamo	stiamo	dobbiamo	andiamo	possiamo
(voi)	siate	abbiate	facciate	diate	stiate	dobbiate	andiate	possiate
(loro)	siano	abbiano	facciano	diano	stiano	debbano	vadano	possano

	Volere	Sapere	Scegliere	Spegnere	Rimanere	Sedersi	Bere	Piacere
(io)	voglia	sappia	scelga	spenga	rimanga	Mi sieda	beva	piaccia
(tu)	voglia	sappia	scelga	spenga	rimanga	Ti sieda	beva	piaccia
(lui, lei, Lei)	voglia	sappia	scelga	spenga	rimanga	Si sieda	beva	piaccia
(noi)	vogliamo	sappiamo	scegliamo	spegniamo	rimaniamo	Ci sediamo	beviamo	piacciamo
(voi)	vogliate	sappiate	scegliate	spegniate	rimaniate	Vi sediate	beviate	piacciate
(loro)	vogliano	sappiano	scelgano	spengano	rimangano	Si siedano	bevano	piacciano

	Tenere	Venire	Uscire	Riuscire	Dire	Salire	Morire
(io)	tenga	venga	esca	riesca	dica	salga	muoia
(tu)	tenga	venga	esca	riesca	dica	salga	muoia
(lui, lei, Lei)	tenga	venga	esca	riesca	dica	salga	muoia
(noi)	teniamo	veniamo	usciamo	riusciamo	diciamo	saliamo	moriamo
(voi)	teniate	veniate	usciate	riusciate	diciate	saliate	moriate
(loro)	tengano	vengano	escano	riescano	dicano	salgano	muoiano

	tradurre	proporre	trarre
(io)	traduca	proponga	tragga
(tu)	traduca	proponga	tragga
(lui, lei, Lei)	traduca	proponga	tragga
(noi)	traduciamo	proponiamo	traiamo
(voi)	traduciate	proponiate	traiate
(loro)	traducano	propongano	traggano

Il congiuntivo si usa dopo:
i verbi che esprimono opinione personale: **penso che, credo che, suppongo che, mi sembra che...**
i verbi che esprimono desiderio e /o volontà: **desidero che, voglio che, preferisco che...**
i verbi che esprimono sentimenti: **spero che, ho paura che, temo che...**
i verbi che esprimono dubbio: **dubito che, non sono sicuro/a che...**
i verbi impersonali: **bisogna che, occorre che, sembra che...**
il verbo *essere* + aggettivo: **è bello che, è probabile che, è possibile che...**
E anche dopo: **senza che, prima che, nel caso che, purché, a patto che, basta che...**

In caso di ambiguità si precisa il pronome personale > Bisogna che **io, tu, lui/le**i parta subito.

IL CONGIUNTIVO PASSATO

Si usa quando l'azione della frase subordinata è anteriore all'azione della frase principale. Si forma con l'ausiliare *avere* o *essere* al congiuntivo presente e il participio passato. > Penso che ieri Michela abbia mangiato troppo, credo che ieri Paola sia uscita con Luigi.

IL CONGIUNTIVO IMPERFETTO

Verbi regolari

	Parlare	Prendere	Partire
(io)	parl**assi**	prend**essi**	part**issi**
(tu)	parl**assi**	prend**essi**	part**isse**
(lui, lei, Lei)	parl**asse**	prend**esse**	part**isse**
(noi)	parl**assimo**	prend**essimo**	part**issimo**
(voi)	parl**aste**	prend**este**	part**iste**
(loro)	parl**assero**	prend**essero**	part**issero**

Principali verbi irregolari

	Essere	Dire	Fare	Bere	Tradurre	Proporre	Trarre
(io)	**fossi**	dicessi	facessi	bevessi	traducessi	proponessi	traessi
(tu)	**fossi**	dicessi	facessi	bevessi	traducessi	proponessi	traessi
(lui, lei, Lei)	**fosse**	dicesse	facesse	bevesse	traducesse	proponesse	traesse
(noi)	**fossimo**	dicessimo	facessimo	bevessimo	traducessimo	proponessimo	traessimo
(voi)	**foste**	diceste	faceste	beveste	traduceste	proponeste	traeste
(loro)	**fossero**	dicessero	facessero	bevessero	traducessero	proponessero	traessero

	Dare	Stare
(io)	dessi	stessi
(tu)	dessi	stessi
(lui, lei, Lei)	desse	stesse
(noi)	dessimo	stessimo
(voi)	deste	steste
(loro)	dessero	stessero

Come per il congiuntivo presente, il congiuntivo imperfetto si usa dopo verbi che esprimono opinione personale, volontà, etc. ma al passato > **Credevo che** Walter **fosse** inglese, invece è italiano.
Si usa anche dopo **se** per esprimere un'ipotesi > **Se studiassimo** di più, avremmo dei voti più alti.
Si usa dopo **come se** > Mio padre mi tratta sempre **come se fossi** un bambino.

In caso di ambiguità si precisa il pronome personale > Se **io/tu** fossi più giovane, sarebbe tutto più facile.

L'IMPERATIVO

Verbi regolari

	Parlare	Prendere	Aprire	Finire
(tu)	Parla!	Prendi!	Apri!	Finisci!
(Lei)	Parli!	Prenda!	Apra!	Finisca!
(noi)	Parliamo!	Prendiamo!	Apriamo!	Finiamo!
(voi)	Parlate!	Prendete!	Aprite!	Finite!

Gli ausiliari

	Essere	Avere
(tu)	Sii....!	Abbi...!
(Lei)	Sia...!	Abbia...!
(noi)	Siamo...!	Abbiamo...!
(voi)	Siate...!	Abbiate...!

I principali verbi irregolari

	Sapere	Dare	Stare	Fare	Andare	Salire
(tu)	Sappi...!	Da'/Dai!	Sta'/Stai!	Fa'/Fai!	Va'/Vai!	Sali!
(Lei)	Sappia...!	Dia...!	Stia...!	Faccia...!	Vada!	Salga!
(noi)	Sappiamo...!	Diamo!	Stiamo!	Facciamo!	Andiamo!	Saliamo!
(voi)	Sappiate...!	Date!	State!	Fate!	Andate!	Salite!

	Rimanere	Dire	Venire	Tenere	Uscire	Segliere
(tu)	Rimani!	Di'	Vieni!	Tieni!	Esci!	Scegli!
(Lei)	Rimanga!	Dica...!	Venga!	Tenga!	Esce!	Scelga!
(noi)	Rimaniamo!	Diciamo!	Veniamo!	Teniamo!	Usciamo!	Scegliamo!
(voi)	Rimanete!	Dite!	Venite!	Tenete!	Uscite!	Scegliete!

Con i pronomi e *ci*

Quando un imperativo si usa con dei pronomi, questi ultimi si mettono generalmente in fondo al verbo (TU / NOI / VOI): Scusa**mi**! Scriviamo**gli**! Parlate**gliene**! Andiamo**ci**! Solo con la formula di cortesia (LEI) si mettono davanti al verbo: **Mi** scusi! **Gli** scriva! **Gliene** parli!

	Accomodarsi	Prenderlo	Aprirla	Spedirglielo
(tu)	Accomodati!	Prendilo!	Aprila!	Spedisciglielo!
(Lei)	Si accomodi!	Lo prenda!	La apra!	Glielo spedisca!
(noi)	Accomodiamoci!	Prendiamolo!	Apriamola!	Spediamoglielo!
(voi)	Accomodatevi!	Prendetelo!	Apritela!	Spediteglielo!

Attenzione! Queste forme raddoppiano la consonante dei pronomi *lo, la, li, le, mi, ti, ci, ne* o di *ci*:
dare > dammi! / dallo! / dalla! / dalle! / dacci! / daccelo!...
fare > fammi! / fallo! / falla!...
dire > dimmi! / dillo!...
andare > vacci! / vattene!

L'imperativo si usa
per dare un ordine > Vieni subito qui!
per dare un consiglio > Ti vedo stanco, va' a casa a riposarti!
per dare un permesso (in questo caso è spesso accompagnato da *pure*) > entra pure, accomodati!

La forma negativa

Alla 2° persona singolare la forma negativa si forma con NON + infinito. Nelle altre persone si mette NON davanti alla forma affermativa

Parlare > **Non** parl**are**! non parli! Non parliamo! parlate!
Preoccuparsi > **Non** preoccup**arti** (**non ti** preoccup**are**!) non si preoccupi! Non preoccupiamoci! Non preoccupatevi!

IL PASSATO REMOTO

Si usa per parlare di azioni passate che non hanno più attinenza con il presente. È sempre meno usato all'orale.

Verbi regolari

	Parlare	Ricevere	Partire
(io)	parlai	ricevei/ricevetti	partii
(tu)	parlasti	ricevesti	partisti
(lui, lei, Lei)	parlò	ricevé/ricevette	partì
(noi)	parlammo	ricevemmo	partimmo
(voi)	parlaste	riceveste	partiste
(loro)	parlarono	riceverono/ricevettero	partirono

Gli ausiliari

	Essere	Avere
(io)	fui	ebbi
(tu)	fosti	avesti
(lui, lei, Lei)	fu	ebbe
(noi)	fummo	avemmo
(voi)	foste	aveste
(loro)	furono	ebbero

I verbi irregolari

La maggior parte dei verbi irregolari hanno una forma irregolare nella 1° e 3° persona singolare e nella 3° plurale, e hanno forme regolari nella 2° singolare e 1° e 2° plurale (es. volere: **volli**, volesti, **volle**, volemmo, voleste, **vollero**)

sapere > seppi
vedere > vidi
chiedere > chiesi
chiudere > chiusi
prendere > presi
decidere > decisi

spendere > spesi
scendere > scesi
accendere > accesi
rispondere > risposi
ridere > risi
perdere > persi

mettere > misi
scrivere > scrissi
leggere > lessi
vivere > vissi
rimanere > rimasi
nascere > nacqui

vincere > vinsi
tenere > tenni
venire > venni
conoscere > conobbi

Fare	Dire	Dare	Stare	Bere
feci	dissi	diedi /detti	stetti	bevvi
facesti	dicesti	desti	stesti	bevesti
fece	disse	diede/dette	stette	bevve
facemmo	dicemmo	demmo	stemmo	bevemmo
faceste	diceste	deste	steste	beveste
fecero	dissero	diedero/dettero	stettero	bevvero

LA FORMA PASSIVA

Si forma con l'ausiliare *essere* nei vari tempi possibili + il *participio passato* del verbo. Il passivo è possibile solo per i verbi transitivi (cioè i verbi che possono avere un complemento oggetto). La persona o cosa che compie l'azione (complemento d'agente) è preceduta dalla preposizione DA (Migliaia di persone hanno visto quel film > Quel film è stato visto da migliaia di persone).

Oltre che con l'ausiliare *essere* il passivo si può formare anche con *venire* ma solo nei tempi semplici (L'italiano è studiato in moltissimi paesi = L'italiano viene studiato in moltissimi paesi).

Le regioni

Ciao ragazzi!

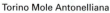

IL PIEMONTE
LA VALLE D'AOSTA

Torino Mole Antonelliana

REGIONE
VALLE D'AOSTA

IL PIEMONTE E LA VALLE D'AOSTA

Superficie e abitanti	*Piemonte*: **Torino** (900 000 ab.), Alessandria (92 000 ab.), Asti (74 000 ab.), Biella (45 000 ab.), Cuneo (58 000 ab.), Novara (102 000 ab.), Verbano - Cusio - Ossola (31 000 ab.), Vercelli (45 000 ab.) *Valle d'Aosta*: Aosta (34 000 ab.)
Capoluogo e città principali	Genova (601 000 ab.), Imperia (40 000 ab.), La Spezia (93 000 ab.), Savona (62 000 ab.),
Clima e rilievi	Il territorio del *Piemonte* comprende parte della Pianura Padana, molte zone di colline (Monferrato, Langhe) e montagne (le alpi a nord e gli Appennini a sud). Il clima è molto freddo nella zona alpina, continentale in pianura e mite sulle rive dei laghi. La *Valle d'Aosta*, la più piccola regione d'Italia, è interamente montuosa. Vi si trovano le più alte montagne d'Europa (Gran Paradiso, Monte Bianco, Cervino, Monte Rosa). Il valico del Piccolo San Bernardo collega l'Italia alla Francia e il Passo del Gran San Bernardo collega la Valle d'Aosta alla Svizzera con difficoltà di transito per via dell'innevamento abbondante da ottobre a marzo. Il rilievo e il clima favoriscono la pratica delle attività sportive (alpinismo d'estate, sci d'inverno) ed i soggiorni di villeggiatura (parco nazionale del Gran Paradiso).
Economia	*Piemonte*: l'agricoltura è molto sviluppata (riso a Vercelli e Novara, granturco, frumento, vigneti nel Monferrato) così come l'allevamento (manzo). L'attività industriale vanta una lunga e gloriosa storia nel settore dell'automobile – Fiat -, dell'elettronica (Olivetti a Ivrea), della chimica, dell'industria farmaceutica, tessile e dell'abbigliamento (Ivrea, Biella, Alessandria...). L'emigrazione interna proveniente dalle regioni meridionali è stata di grande aiuto. La produzione alimentare è forte: pastifici, dolciumi, vini. Intensissimi gli scambi commerciali con le altre regioni della penisola e con l'estero. Il settore bancario è dinamico e le risorse naturali e culturali sono sfruttate razionalmente (lago Maggiore, stazioni sciistiche...). Torino è una capitale regionale di primo ordine, ricca, elegante, laboriosa, un po' severa. Per il suo peso economico influisce sull'andamento della politica nazionale (giornale La Stampa, grandi famiglie ad es. Agnelli...). Torino è stata per secoli la capitale del potente regno di Piemonte e Sardegna, ed ebbe nel Risorgimento un ruolo determinante nell'unificazione dell'Italia di cui fu la prima capitale. *Valle d'Aosta*: È la regione più piccola d'Italia e con la più bassa densità di popolazione. Le attività agricole – essenzialmente l'allevamento che permette la produzione di formaggio (*fontina*), il prosciutto, lo speck ed i salumi - si integrano con la vocazione turistica della regione (stazioni sciistiche, Courmayeur, Cogne, Parco del Gran Paradiso, Cervinia...).
Feste e tradizioni	In Piemonte affollatissima la **Fiera del tartufo bianco** in autunno, ad Alba. Ad Asti, in maggio, gli abitanti dei vari rioni vestiti con antichi abiti tradizionali si scontrano in una serie di gare originarie del Medioevo. E in settembre si svolge il *Palio degli Sbandieratori*. Ad Aosta, a gennaio, si tiene **la fiera di sant'Orso** in cui gli artigiani della regione espongono i loro raffinati lavori.
Gastronomia	I piatti tipici sono la *Bagna cauda* (cardi crudi bagnati in un sugo a base di olio d'oliva, acciughe e aglio), la *polenta* e i *grissini*. I vini piemontesi sono molto famosi (Barbera, Barbaresco, Barolo, Nebbiolo, Dolcetto); l'Asti spumante compete con lo champagne. Il Piemonte è famoso anche per la produzione di cioccolato (*gianduiotti*). La *Valle d'Aosta* produce salumi e formaggi e il piatto più tipico è *la fonduta*.

REGIONE PIEMONTE

ALPI PENNINE

ALPI GRAIE

PARCO NAZIONALE DEL GRAN PARADISO

Gran Paradiso

ALPI COZIE

ALPI MARITTIME

Domodossola

PARCO NAZ. D. VAL GRANDE

Verbania

Biella

Novara

Vercelli

TORINO

Asti

Alessandria

Cuneo

Uia di Clamarella

Orco

Dora Riparia

Pellice

Monviso

Po

Varaita

Maira

Stura di Demonte

Cima dell'Argentera

Tanaro

Perché la regione si chiama Piemonte? Quali sono le montagne più alte in Piemonte e in Valle d'Aosta? Quali sono gli ultimi modelli di automobili Fiat? Che differenze ci sono tra di loro? Cosa significa la sigla FIAT?
Quando è stata costruita la Mole Antonelliana? Perché è celebre? A che cosa serve attualmente?

Chi era Camillo Cavour? Fai una ricerca per sapere che ruolo ha avuto nell'unificazione dell'Italia.

1

2

3

1. Cervino
2. FIAT 500
3. Bottiglia di Barolo
4. Sestrière
5. Monte Rosa
6. Superga
7. Camillo Cavour
8. Gli sbandieratori d'Asti
9. Polenta

4

5

6

7

8

9

LA LOMBARDIA

Regione Lombardia

Milano

LA LOMBARDIA

Superficie e abitanti	23.859 km², 9.122.000 abitanti, densità 382 abitanti per km²
Capoluogo e città principali	**Milano** (1 300 000 ab.), Bergamo (114 000 ab.), Brescia (191 000 ab.), Cremona (71 000 ab.), Como (80 500 ab.), Lecco (46 000 ab.), Lodi (42 000 ab.), Mantova (48 000 ab.), Monza (121 000 ab), Pavia (72 000 ab.), Sondrio (22 000 ab.), Varese (80 000 ab)
Clima e rilievi	La ricchissima e fertile Lombardia è costituita quasi esclusivamente dalla pianura del Po chiusa, a nord, dall'arco alpino. I laghi di Garda e di Como offrono un'attrattiva turistica di primo piano. Il clima è continentale (freddo e nebbioso d'inverno, caldissimo e afoso d'estate).
Economia	La Lombardia è la regione più ricca d'Italia. L'agricoltura è molto sviluppata: grano, granoturco, barbabietola da zucchero, viti, allevamento... Contribuiscono ancora di più alla ricchezza della regione tutte le attività industriali, commerciali e culturali che vi si trovano riunite: il settore automobilistico - Alfa Romeo, Maserati, Pirelli - , l'arredamento, il design e l'arte contemporanea, l'industria tessile e dell'abbigliamento (tessili, pelletteria - Milano è considerata la capitale della Moda per vestiti, scarpe, borse, pellicce), l'industria chimica e farmaceutica, la ricerca, l'informatica e le innovazioni tecnologiche, l'editoria e le attività intellettuali (libri e riviste della Mondadori, giornali – Corriere della Sera, Gazzetta dello Sport -, canali televisivi). Il settore terziario occupa la maggior parte della popolazione attiva. Il commercio è dinamico (Università Bocconi, Fiere e Saloni di Milano...), il settore bancario è potente, e la Borsa italiana è rappresentata da quella di Milano. Il turismo è fiorente (sport invernali, a nord, villeggiatura sui laghi, città dal ricco passato storico ed artistico – Milano ma anche Pavia, Lodi, Bergamo, Como, Mantova...). Nella grande tradizione intellettuale del passato (illuminismo lombardo...), la vita culturale è intensa (Piccolo teatro di Milano, teatro alla Scala, mostre e convegni di ambito internazionale...)
Feste e tradizioni	A Milano il 7 dicembre si festeggia il patrono della città, **S. Ambrogio** (330-397) che ebbe un ruolo di primo piano nella storia di Milano e della Chiesa cattolica. Il 13 dicembre (**Santa Lucia**) è la festa dei bambini. A settembre, a Gonzaga (Mantova), si rievoca un rito risalente al 1580 (la fiera dei monaci, oggi chiamata «Millenaria»).
Gastronomia	I piatti più tipici sono il risotto allo zafferano, la cotoletta alla milanese, l'ossobuco, il minestrone. La Valtellina è famosa per i *pizzoccheri* ("tagliatellé" fatte con la farina scura). Tutti conoscono il **panettone** che si mangia a Natale, la **Colomba** di Pasqua e i formaggi (il gorgonzola e il grana padano).

Sai che la Gazzetta dello sport è il giornale più venduto in Italia (e uno dei più venduti al mondo)? Secondo te, con quale frequenza esce? A quale sport dedica più spazio?
Chi sono i lettori di questo giornale?
Quale notizia potrebbe esserci oggi in prima pagina? Verifica sul sito www.gazzetta.it.
Che tipo di spettacoli mette in scena il Teatro alla Scala di Milano?

Cerca la ricetta del famoso risotto alla milanese. Perché è di colore giallo?

1. Corriere della sera e la Gazzetta dello Sport
2. Panettone
3. Duomo di Milano
4. Milano, Castello Sforzesco
5. Lago di Como
6. Maschere di Bergamo
7. Alessandro Manzoni
8/9. Sfilata di moda

IL VENETO
IL TRENTINO ALTO ADIGE
IL FRIULI VENEZIA GIULIA

REGIONE AUTONOMA
FRIULI VENEZIA GIULIA

REGIONE
TRENTINO
ALTO ADIGE

REGIONE
DEL VENETO

1. Arena di Verona
2. Il Leone di Venezia
3. Villa del Palladio la Rotonda di Vicenza
4. Padova, la basilica di Sant'Antonio con la statua equestre del Gattamelata
5. Quadro del pittore Canaletto
6. Leone d'oro
7. Biennale di Venezia
8. Trieste
9. Trento

Chi era Marco Polo?
Perché è famoso?
Chi è Corto Maltese? Hai mai
letto una delle sue storie?

Fai una ricerca sulla figura
del Doge: chi era? Quale era
il suo ruolo? Quale cerimonia
era organizzata ogni anno?
Cos'erano le "nozze del mare"?

Le Dolomiti

IL VENETO, IL TRENTINO ALTO ADIGE E IL FRIULI VENEZIA GIULIA

Superficie e abitanti	*Veneto*: 18.391,22 kmq, 4.759.872 abitanti, densità di 258 abitanti per kmq *Friuli*: 7.858 kmq, 1.187.596 abitanti, densità di 151 abitanti per kmq *Trentino*: 13.606 kmq, 962.464 abitanti, densità di 70 abitanti per kmq
Capoluogo e città principali	*Veneto*: **Venezia** (con Mestre, 272 000 ab), Verona (259 000 ab), Padova (209 000 ab), Vicenza (112 000 ab.), Treviso (82 000 ab.), Rovigo (51 000 ab), Belluno (35 000 ab.) *Friuli*: Trieste (209 000 ab.), Udine (96 000 ab.), Pordenone (51 000 ab.), Gorizia (36 000 ab.) *Trentino*: Trento (109 000 ab.), Bolzano (96 000 ab.)
Clima e rilievi	Prevalentemente pianeggiante dato che sta all'estremità della valle del Po, il Veneto offre anche un paesaggio di colline e montagne. Il lago di Garda separa questa regione dalla Lombardia. Nel Trentino Alto Adige le Dolomiti culminano a 3343 metri. Caldo e afoso d'estate nelle zone basse, soleggiato e piacevole in montagna, il clima è nebbioso e freddissimo d'inverno (bora a Trieste). Il territorio del Trentino Alto Adige è completamente montuoso (le Dolomiti) con molti laghi e fiumi.
Economia	*Veneto*: I redditi della regione provengono non solo dal turismo ma anche dall'agricoltura (riso, mais, vino) e dall'industria: raffinerie di petrolio, complessi chimici e metallurgici (a Porto Marghera, vicino a Venezia); altri prodotti sono le biciclette, i tessuti, lo zucchero, i vini pregiati. L'artigianato è importante: vetri e specchi di Murano, merletti di Burano... È predominante il turismo di villeggiatura (lago di Garda, centri termali...), sportivo (alpinismo e stazioni balneari) e soprattutto culturale in quasi tutte le città che hanno conosciuto in passato, dal medioevo in poi, periodi di splendore: Venezia, Padova, Verona, Vicenza. Venezia, la "Serenissima", è stata per secoli una delle repubbliche più potenti in Europa. È oggi una delle città più visitate del mondo (oltre a musei e monumenti, sono famose anche le mostre del cinema e la Biennale). Data la sua struttura particolare (costruita com'è su isole o palafitte), però, la città è fragile e "l'acqua alta" rovina le fondamenta delle case e delle piazze. Il progetto Mose dovrebbe proporre una soluzione. *Friuli*: Importanti sono gli impianti metalmeccanici (cantieri navali di Trieste) e chimici (raffinazione del petrolio). Ma la regione è altrettanto nota per la grappa e per vini famosi (Tocai, Merlot) *Il Trentino* accoglie in particolare centrali idroelettriche. La sua agricoltura si è specializzata nella produzione frutticola (mele e vigne) e il turismo è molto attivo. La regione del Trentino Alto Adige gode dell'autonomia amministrativa e vi si parla anche il tedesco. La mescolanza delle tradizioni italiana e austriaca gli conferisce un fascino particolare.
Feste e tradizioni	A Venezia tra le numerose manifestazioni, oltre al **Carnevale**, va citata, in luglio, la **Festa del Redentore**, che ricorda ogni anno la peste che alla fine del 1500 colpì l'intera Europa. Inoltre si organizzano molte manifestazioni con gondole e barche, tra cui la **Vogalonga**. Il giorno dell'Epifania nel Veneto in occasione della festa del **Pan e Vin** tutti si ritrovano intorno al fuoco per mangiare il dolce tipico, *la Pinza*, preparato con una base di farina di polenta gialla ed uva passa. In Friuli, la prima domenica di **luglio**, a **Grado** (Gorizia) si tiene una magnifica processione di barche imbandierate, che risale al 1237. Molte delle feste tradizionali del Trentino Alto Adige sono originali perché hanno un colore tirolese (**sfilata dell'Egetmann**, un pupazzone di paglia che, dalla notte dei tempi, rappresenta la divinità della primavera e della fecondità).
Gastronomia	Alla base della cucina veneta troviamo la polenta, il riso (cucinato in più di quaranta modi!), il baccalà e il fegato alla veneziana. Ottimo il **pandoro** di Verona. Noti nel mondo intero i vini Soave, Valpolicella, Bardolino e il Prosecco (spumante). La gastronomia friulana è influenzata dalla vicinanza dei vicini stati europei (verdure cucinate come i crauti austriaci, dolci ripieni di uvetta e pinoli). I prodotti friulani più famosi sono il prosciutto San Daniele, lo **speck** e la **grappa**. In Trentino Alto Adige troviamo molti formaggi.

LA LIGURIA

APPENNINO LIGURE

M. Àntola

M. Maggiorasca

M. Bèigua

Passo di Cento Croci

GENOVA

Camogli

Rapallo

Savona

Golfo di Genova

Portofino

M. Settepani

Vara

ALPI LIGURI

La Spezia

MAR LÌGURE

Le Cinque Terre

M. Saccarello

Portovenere

M. Ceppo

Imperia

REGIONE LIGURIA

Ventimiglia

San Remo

Bordighera

LA LIGURIA

Superficie e abitanti	5.421 Kmq, 1.622.578 abitanti, densità di 297 abitanti per kmq
Capoluogo e città principali	**Genova** (601 000 ab.), Imperia (40 000 ab.), La Spezia (93 000 ab.), Savona (62 000 ab.),
Clima e rilievi	Il territorio è prevalentemente montuoso e collinare e il clima tipicamente mediterraneo è mite, con inverni dolci e estati ventilate.
Economia	Le risorse economiche provengono dall'agricoltura specializzata (frutta, fiori, vite, olive, ortaggi), dalla pesca, ma soprattutto dal commercio, dall'industria siderurgica, metallurgica (cantieri navali) e petrolchimica (Genova, Savona), e prevalentemente dal turismo balneare sulla Riviera (Ventimiglia, San Remo, Bordighera, Rapallo, Portofino, Cinqueterre, Portovenere) e culturale (specialmente a Genova: centro storico, acquario e musei...)
Feste e tradizioni	Tra le maggiori manifestazioni in Liguria si ricordano: il Festival della canzone italiana di Sanremo, il Salone Nautico Internazionale di Genova, l'esposizione floreale de l'**Euroflora** di Genova, il **Palio del Golfo** alla **Spezia**. A Pasqua in molti comuni si svolgono le tradizionali processioni delle confraternite. Nel borgo marinaro di **Camogli** a maggio si festeggia san Fortunato, patrono dei pescatori. Il giorno dopo viene allestita la celebre *Sagra del pesce*: quintali di pesce fritti in un enorme padellone vengono serviti ai partecipanti alla sagra. Tipici e famosi sono i presepi con i classici costumi liguri.
Gastronomia	In tutti i panifici si vende la *focaccia*. I molti piatti a base di pesce sono accompagnati da buoni vini bianchi (Cinque Terre, Pigato, Vermentino...) e la pastasciutta è rappresentata dalle *trenette* o le *trofie* al pesto.

Sai quali sono gli ingredienti del pesto?
Conosci il festival di San Remo?
Fai una ricerca sul grande architetto ligure Renzo Piano. Dov'è nato? Quando?
Quali sono le sue opere nel mondo intero?

1. Cristoforo Colombo
2. Renzo Piano
3. Bigo (Porto antico di Genova)
4. Garibaldi
5/6. La Riviera dei Fiori
7. Le trofie al pesto
8/9 Il festival di San Remo

EMILIA ROMAGNA

EMILIA ROMAGNA

Superficie e abitanti	22.123 kmq, 4.187.557abitanti, densità di 154 abitanti per kmq
Capoluogo e città principali	**Bologna** (370 000 ab), Modena (180 000 ab), Parma (165 000 ab.), Reggio-Emilia (147 000 ab.), Ravenna (139 000 ab.), Rimini (130 000 ab.), Ferrara (131 000 ab.), Piacenza (99 000 ab.), Forlì-Cesena (200 000 ab.).
Clima e rilievi	Metà del territorio è costituita dalla grassa pianura del Po. L'altra metà è occupata in parità da colline e da montagne. Il clima di carattere continentale dà inverni rigidi e nebbiosi mentre l'estate è calda e afosa.
Economia	L'Emilia Romagna è una delle regioni più ricche d'Italia e anche d'Europa, con tassi d'occupazione vicini al 75%. L'agricoltura moderna ed efficiente sfrutta benissimo le possibilità offerte dalla fertilissima pianura padana (granoturco, riso, barbabietola da zucchero, frutta, allevamento, latticini - burro, panna, formaggi – parmigiano reggiano –, salumi – prosciutto di Parma, cotechino, ecc.). Il settore industriale è dinamico sul piano nazionale e internazionale: meccanica - *Ducati, Ferrari, Lamborghini, Maserati* -, petrolchimica .... materiale per l'edilizia - mattonelle, ceramica, mobilia..-, tessili e pelletterie, calzaturifici, moda e design, editoria, ecc. Spesso le imprese sono ancora a conduzione familiare ma le piccole e medie ditte sanno unirsi (cooperative) e organizzarsi per agevolare l'esportazione. Il turismo d'affari – fiere e mostre - deriva dagli scambi commerciali intensissimi ma la regione offre anche all'attività turistica le spiagge affollatissime della riviera romagnola (più di 5000 alberghi) con, in particolare, i numerosi locali per giovani (Rimini...). Tutte le città (che per la maggior parte hanno avuto nel corso dei secoli e dal medioevo in poi una storia autonoma – Ferrara, Parma...) meritano lunghi soggiorni. I mosaici di Ravenna sono splendidi. Bologna è famosa, oltre che per le ricchezze culturali (monumenti, editoria, università) per il ruolo politico che ha avuto (lotta al fascismo) e continua ad assumere influendo sull'evoluzione della politica nazionale (grandi dimostrazioni in caso di crisi.)
Feste e tradizioni	Tra le feste ricordiamo a Ferrara il **Palio di San Giorgio**, il più antico palio d'Italia con circa 800 personaggi in costume e quattro gare: quella dei putti, delle putte, degli asini e dei cavalli. Ad agosto a Cesenatico si svolge la **Festa di Garibaldi** con una parata navale e fuochi d'artificio. A settembre in varie località, si festeggia la vendemmia.
Gastronomia	Alcuni tra i più famosi prodotti e piatti italiani sono originari di questa regione: prosciutto di Parma, *parmigiano reggiano, aceto balsamico*, le *tagliatelle al ragù* (detto anche alla bolognese), i *tortellini, le lasagne al forno e la piadina romagnola*. Per i vini è da ricordare il Sangiovese.

Due torri sono famose a Bologna. Perché?
Guglielmo Marconi è un grande scienziato emiliano.
Che cosa ha inventato?

Questa regione è nota anche per la cultura musicale. Raccogli qualche informazione su Giuseppe Verdi,
o sui cantanti Luciano Pavarotti, Lucio Dalla, Laura Pausini, Nek.

1. Parmigiano
2. Prosciutto di Parma
3. Tortellini
4. Aceto balsamico
5. Ducati
6. Ferrari
7. Maserati
8. Torri di Bologna
9. Mosaici di Ravenna
10. Concerto all'aperto (Laura Pausini)
11. Giuseppe Verdi
12. Quadro di Giorgio Morandi

LA TOSCANA

REGIONE TOSCANA

MAR LIGURE

Firenze

LA TOSCANA

Superficie e abitanti	22.990 km², 3.516.300 abitanti, densità 155 abitanti per km²
Capoluogo e città principali	**Firenze** (370 000 ab.), Arezzo (96 000 ab.), Grosseto (74 000 ab.), Livorno (160 000 ab.), Lucca (82 000 ab.), Massa-Carrara (70 000 ab), Pisa (90 000 ab.), Pistoia (92 000 ab.), Prato (180 000 ab.), Siena (55 000 ab.)
Clima e rilievi	La zona collinare copre i due terzi del territorio toscano, i massicci montuosi occupano il quarto della superficie e le pianure sono poche. La Toscana è attraversata dal fiume Arno e comprende anche qualche isola (Elba...). Il clima è piuttosto freddo nelle zone di montagna (stazioni di sci dell'Abetone) e mite lungo le coste.
Economia	L'economia della regione si basa prevalentemente sul settore terziario (soprattutto il turismo). Tuttavia, in Toscana vi sono numerose zone industriali sparse nel territorio, che incidono profondamente sull'economia. Anche l'agricoltura e l'allevamento, grazie ai prodotti di qualità, rivestono notevole importanza (sigari, funghi, castagne, olio e vini, tra cui i famosissimi *Chianti* e *Brunello di Montalcino*). L'artigianato è noto per la sua secolare eccellenza (lavoro del legno, intarsio di marmo, gioielleria, vasellame, oggetti d'arte...). Anche l'industria predilige le produzioni di alto livello qualitativo (meccanica di precisione, lanifici, vestiti di lusso, pelletteria, borse, scarpe...). Il turismo rappresenta una delle principali risorse economiche della Toscana che attira milioni di visitatori nelle sue città d'arte (Firenze, Pisa, Siena, Arezzo, San Gimignano, Lucca, ecc). La sola Firenze supera i 7 milioni di presenze all'anno e in Toscana si trovano sei località appartenenti al Patrimonio Mondiale dell'UNESCO. Tuttavia non va dimenticato che il 40% del flusso si riversa nelle località balneari (Viareggio...). Grazie alla bellezza della campagna toscana, si sviluppa sempre di più il turismo rurale (agriturismo) e le stazioni termali (Chianciano, Montecatini...) sono rinomate.
Feste e tradizioni	La festa toscana più famosa è il *Palio di Siena* a luglio e agosto. A Firenze le due feste più importanti sono il *calcio storico* a giugno e *lo scoppio del carro* a Pasqua. Caratteristico anche il *gioco del ponte* a Pisa.
Gastronomia	La cucina toscana ha una tradizione popolare e contadina. Citiamo la *ribollita*, una zuppa a base di cavolo, le *pappardelle al cinghiale*, la *bistecca alla fiorentina* e, sulla costa, il *baccalà alla livornese*. Famosi sono *l'olio di oliva*, i vini (Chianti, Brunello...) e i dolci (*panpepato, panforte, cantuccini* e *lo zuccotto*).

Si parla spesso di Lorenzo dei Medici. Sai che due donne appartenenti alla famiglia dei Medici sono state regine di Francia? Chi sono? Chi avevano sposato?
Il calcio fiorentino. Che differenze ci sono tra le regole del calcio fiorentino e quelle del calcio e del rugby?
Sai cosa vendono i negozi su Ponte Vecchio a Firenze?

Cerca quando fu costruita la Torre di Pisa e perché pende; che cosa si è dovuto fare per salvarla?

1. La Primavera di Botticelli
2. Firenze Giardini di Boboli
3. Il David di Michelangelo
4. Firenze Piazza Signoria
5. Firenze Duomo
6. La torre pendente di Pisa
7. San Gimignano
8/9. Siena piazza del Campo

IL LAZIO

REGIONE LAZIO

Piazza San Pietro

Fontana di Trevi

IL LAZIO

Superficie e abitanti	17.203 Kmq, 5.484.687 abitanti, densità di 318 abitanti per kmq
Capoluogo e città principali	**Roma** (2 900 000 ab.), Frosinone (49 000 ab.), Latina (114 000 ab.), Rieti (44 000 ab.), Viterbo (61 000 ab.)
Clima e rilievi	Il territorio è per lo più montuoso e collinoso, mentre le pianure si trovano in prossimità della costa bassa e sabbiosa (spiagge di Ostia, Fregene...). Tra i gruppi montuosi, i bellissimi laghi di Bolsena e di Bracciano si sono formati nei crateri dei vulcani spenti. Nelle parti interne l'inverno è freddo e l'estate spesso caldissima. Invece la parte costiera ha un clima mite favorevole alla villeggiatura.
Economia	Il Lazio vive essenzialmente grazie al settore terziario (commercio, banche, assicurazioni, pubblicità, media, saloni e mostre...) ma esiste anche un'industria specializzata di alto livello (chimica, farmaceutica, elettronica, nucleare). Specifica l'attività cinematografica (Cinecittà). Capitale del paese dal 1870, Roma è la sede di enti politici ed amministrativi nazionali e internazionali innumerevoli (FAO, ambasciate...). Il turismo è una delle principali risorse economiche del Lazio: la sola città di Roma richiama milioni di turisti italiani e stranieri. Molto visitate anche le località archeologiche etrusche (Cerveteri e Tarquinia) e le stazioni balneari. Sede dello Stato pontificio la città del Vaticano, indipendente dal 1929, è insieme un centro religioso (san Pietro) e culturale (museo, cappella Sistina...).
Feste e tradizioni	Capitale d'Italia e sede del Papato Roma offre agli abitanti ed ai visitatori molte celebrazioni di tipo laico o religioso. Per ricordare le principali: la "Via Crucis" (venerdì santo), la benedizione "Urbi et Orbi" (a Pasqua in piazza S.Pietro, trasmessa per tv al mondo intero), la festa dei Santi Pietro e Paolo (29 giugno), la Festa dell'Immacolata Concezione (8 dicembre a piazza di Spagna)... Per quanto riguarda le manifestazioni non religiose: il Natale di Roma (21 aprile), la Mostra delle Azalee a Trinità dei Monti (aprile), la "Festa de' Noantri" (16 giugno nel quartiere Trastevere) e la recente festa (festival) del cinema, ecc.
Gastronomia	Tra i tipi di pastasciutta, citiamo i famosissimi spaghetti *alla carbonara* e gli spaghetti all'*amatriciana*. Come secondi, *i carciofi alla giudia*, i *saltimbocca alla romana* e l'*abbacchio* (agnello da latte). Tutti questi piatti possono essere accompagnati dal Frascati.

Ciao ragazzi!

Conosci la leggenda della fondazione di Roma?
Quali personaggi di Roma antica hai sentito nominare ?
Sai che tipo di spettacoli si svolgevano al Colosseo?

Cerca delle informazioni sui siti archeologici etruschi del Lazio
(Cerveteri, Tarquinia).

1. Piazza Venezia e il Vittoriano
2. La bocca della verità
3. Il lago di Bolsena
4. Tivoli
5. Piazza del Popolo
6. Palazzo Madama, sede del Senato
7. Montecitorio, sede del Parlamento
8. Palazzo Chigi, sede della
   Presidenza del Consiglio
9/10, Il film *La ciociara*

L'UMBRIA
LE MARCHE

Regione Umbria

Orvieto facciata del Duomo

L'UMBRIA E LE MARCHE

Superficie e abitanti	*Umbria*: 8.456 kmq, 872.967 abitanti, densità di 103 abitanti per kmq *Marche*: 9.694 kmq, 1.536.098 abitanti, densità di 158,5 abitanti per kmq
Capoluogo e città principali	*Umbria*: Perugia (162 000 ab.), Terni (110 000 ab.) *Marche*: Ancona (101 000 ab.), Ascoli Piceno (51 000 ab.), Fermo (37 000), Macerata (42 000 ab.), Pesaro - Urbino (107 000 ab).
Clima e rilievi	In entrambe le regioni il territorio è prevalentemente collinare e presenta delle zone montuose coperte di foreste (Umbria verde). L'Umbria è l'unica regione peninsulare italiana a non avere l'accesso al mare. Il clima in inverno può essere molto rigido nelle zone montuose e le estati calde. Nelle Marche, la zona costiera ha un clima mite.
Economia	*Umbria*: Malgrado una produzione industriale specializzata tra cui l'industria alimentare ("baci" Perugina, Nestlé, acque minerali come l'Acqua San Gemini o Rocchetta, salumi...), l'Umbria vive essenzialmente grazie all'artigianato (ceramiche, - Deruta, Orvieto...) all'agricoltura e al turismo. La vite produce vini famosi (Orvieto, Falerno...), l'olio è rinomato, il tabacco è una specialità della regione e il tartufo nero (regione di Norcia) si vende nel mondo intero. Un'attiva pubblicità fa conoscere le risorse turistiche dell'Umbria: migliaia di turisti vi affluiscono in pellegrinaggi (Assisi,- San Francesco), per ammirare le città d'arte (Perugia, Gubbio, Orvieto, Città di Castello, Spoleto, Todi...) o per godere d'estate il soggiorno riposante offerto dal turismo "verde" (agriturismo). *Marche*: L'economia marchigiana è costituita maggiormente da una fiorente piccola-media industria ad alta specializzazione (costruzione navale a Fano e a Ancona, cartiere a Fabriano, calzature, mobili, ecc.) e dalle attività artigianali (maiolica a Pesaro). Il settore turistico è sempre più florido grazie ai tanti centri balneari (Fano, Senigallia) e artistici (Urbino, Pesaro, Fano, Ancona).
Feste e tradizioni	Moltissime le feste tradizionali in Umbria: tra cui il *Calendimaggio* a Assisi, una spettacolare rievocazione storica della vita e dei costumi medioevali e la *Corsa dei Ceri* a Gubbio. In Umbria si svolgono due dei più rinomati festival italiani: L'*Umbria Jazz* a Perugia e *Il festival dei due mondi* a Spoleto. Nelle Marche le tradizioni popolari sono molto vive e soprattutto legate alla gastronomia: le sagre (*della porchetta e della salsiccia*) attirano molti buongustai.
Gastronomia	Sono due regioni di alta tradizione culinaria: la porchetta vi è cucinata in vari modi, e molti piatti sono arricchiti dal raro e caro tartufo nero. Le Marche producono le olive all'ascolana già famose tra gli antichi romani e sulla costa l'Adriatico fornisce pesci di grande qualità.

MAR ADRIATICO

REGIONE MARCHE

1. Tartufo nero
2. Castello di Urbino
3. Autoritratto di Raffaello
4. S. Francesco (Giotto)
5. Perugia
6. Umbria Jazz
7. Olive ascolana

Conosci i grandi pittori Giotto e Raffaello? Di che epoche sono?
Hai mai mangiato un piatto a base di tartufo? Esiste nella cucina del tuo paese?

Fai una ricerca sulla corsa dei Ceri a Gubbio: quando e come si svolge?

L'ABRUZZO
IL MOLISE

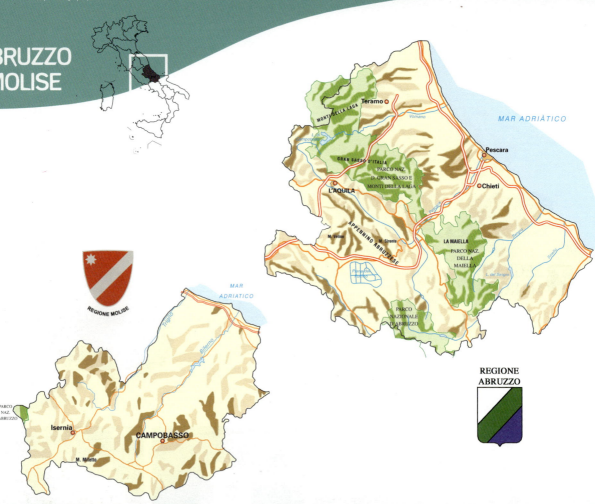

L'ABRUZZO E IL MOLISE

Superficie e abitanti	*Abruzzo*: 10.794 kmq, 1.309.797 abitanti, densità di 121 abitanti per kmq *Molise*: 4.438 kmq, 322.000 abitanti, densità di 75 abitanti per kmq
Capoluogo e città principali	*Abruzzo*: **L'Aquila** (71 000 ab.), Pescara (122 000 ab.), Teramo (53 000 ab.), Chieti (52 000 ab.) *Molise*: **Campobasso** (52 000 ab.), Isernia (21 000 ab.)
Clima e rilievi	L'Abruzzo e il Molise sono regioni prevalentemente montuose e collinose. Il clima è mite sulla costa, continentale all'interno e rigido d'inverno. In Abruzzo si trovano il **Parco Nazionale dell'Abruzzo** e il **Parco Nazionale del Gran Sasso** che culmina a quasi 3000 metri.
Economia	*Abruzzo*: Buona la produzione di frutta e ortaggi e tipica quella della *liquirizia* e dello *zafferano*. L'allevamento (pecore, capre) è ancora molto sviluppato. Pescara e Chieti sono dei centri industriali moderni. Le attività artigianali (ceramiche, coltelli) prosperano e il turismo è in costante sviluppo (d'estate mare e montagna, stazioni sciistiche d'inverno) *Molise*: lo stabilimento di Termoli produce motori per la FIAT; Agnone si è specializzata nella fabbricazione di campane e la regione sfrutta le risorse turistiche.
Feste e tradizioni	In queste regioni le feste tradizionali sono ancora rispettate: a maggio, vicino a Chieti, i ragazzi cercano di catturare un gran numero di serpenti per la **Festa dei serpari**. Nella settimana di carnevale, a Tufara (Campobasso), una processione di "diavoli" attraversa il paese e nella piazza il carnevale messo sotto processo viene condannato a morte. In luglio le botteghe artigianali di Scapoli (Isernia), che da duemila anni fabbricano flauti, zampogne e tamburelli con lo stesso metodo, organizzano una spettacolare mostra (*sagra della zampogna*).
Gastronomia	Sia in Abruzzo che in Molise il primo piatto più diffuso sono i *Maccheroni alla chitarra* (uova, mollica di pane, pelati e formaggio) e il Molise offre il formaggio *caciocavallo* e la *mostarda* (una specie di marmellata) *d'uva*.

In cosa consiste un parco nazionale? Che tipo di animali ci vivono? Quali sono i divieti imposti ai visitatori? Che differenza c'è tra un parco nazionale e uno zoo?

Cerca delle informazioni su uno dei due Parchi Nazionali d'Abruzzo.

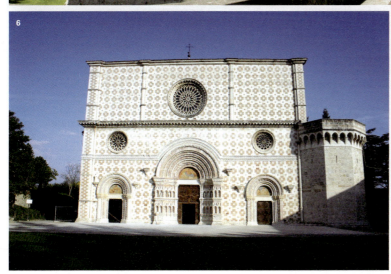

1/2. Parco Nazionale del Gran Sasso
3. Zampognari
4. L'Aquila - fortezza
5. Campobasso
6. L'Aquila, Santa Maria di Collemaggio
7. L'Aquila, Fontana delle 99 cannelle

LA CAMPANIA

Napoli

LA CAMPANIA

Superficie e abitanti	13.595 Kmq, 5.701.931 abitanti, densità di 419 abitanti per kmq (la più alta densità in Italia)
Capoluogo e città principali	**Napoli** (1 000 000 ab.), Salerno (137 000 ab.), Benevento (83 000 ab.), Caserta (79 000 ab.), Avellino (57 000 ab.).
Clima rilievi e isole	Metà della Campania è collinare, il terzo della superficie è montuoso (Appennini) e solo il 15% è pianeggiante, però è molto fertile (terra di origine vulcanica). Il Vesuvio non è più attivo ma, in passato, una sua eruzione distrusse Pompei ed Ercolano (nel 79 d.C.). Notissime le isole di Capri, Ischia e Procida e l'incantevole costiera amalfitana e sorrentina.
Economia	Il settore alimentare è fiorente (frutta, agrumi, ortaggi). Dopo la Puglia, è la regione più industrializzata dell'Italia meridionale (industria metalmeccanica - Bagnoli, Castellammare di Stabia, Salerno... - e alimentare: conserverie di succo di frutta e di sugo di pomodoro). Il porto di Napoli è molto attivo (navigazione nel Mediterraneo, crociere nel mondo intero) e l'artigianato è sviluppatissimo in tutta la regione (ceramiche di Capodimonte, mattonelle, presepi) così come il turismo (Napoli, le isole e la costiera amalfitana e sorrentina, Pompei, Pozzuoli, Paestum, la Reggia di Caserta...). Napoli è una città di forti contrasti tra pittoreschi quartieri popolari e zone residenziali. Malgrado le grandi risorse, la Campania deve tuttora affrontare gravi problemi di disoccupazione, di lavoro nero e di criminalità.
Feste e tradizioni	Le innumerevoli feste e tradizioni sono ancora molto vivaci. Le più famose sono la festa di *Piedigrotta* a Napoli: dedicata alla Madonna, si svolge in settembre. Sulle bancarelle si vende pesce fritto e biscotti chiamati *taralli*. La sera i fuochi d'artificio illuminano il cielo. E sempre a Napoli si festeggia *Il miracolo di san Gennaro* patrono della città. C'è chi crede che, due volte all'anno, il sangue del santo raccolto in un'ampolla si squagli. Il che tenderebbe a dimostrare che tutti i miracoli sono possibili...
Gastronomia	La *pizza* che ha conquistato il mondo ma anche la *mozzarella*, *la pepata di cozze*, *i pesci* e *i frutti di mare* in genere e, tra i dolci, *la pastiera napoletana*.

Quale generale francese divenne re di Napoli (epoca napoleonica)? Come morì?
Pompei. Perché si cita spesso questo nome?

La Campania fu una delle culle della civiltà antica: fai una ricerca sulle testimonianze
della civiltà romana nella regione di Napoli (arte, leggende, letteratura).

1. Così Parlò Bellavista
2. Totò
3. Conserva di pomodoro
4. Il regno delle Due Sicilie
5. Ischia
6. Reggia di Caserta
7. Maschio Angioino

LA PUGLIA
LA CALABRIA
LA BASILICATA

PARCO
PROM. DEL GARGANO
NAZ. DEL GARGANO

Golfo di
Manfredònia

Foggia

MAR ADRIATICO

REGIONE PUGLIA

BARI

LE MURGE

Brindisi

Taranto

Lecce

MURGE TARANTINE

Golfo di
Tàranto

Canale d'O.

MURGE SALENTINE

Laghi di
Monticchio

L. di Serra
il Corvo

REGIONE BASILICATA

APPENNINO LUCANO

POTENZA

Matera

Lago di
San Giuliano

REGIONE
CALABRIA

M. Volturino

Bradano

Basento

Agri

MAR
IÒNIO

Monte Pollino

PARCO NAZIONALE
DEL POLLINO

Lao

L. di Pietra
Pertusillo

M. Sirino

L. di Monte
Cotugno

Sinni

Golfo
di Corigliano

MAR
IÒNIO

SILA GRECA

Crati

Trionto

PARCO
NAZIONALE

MAR
TIRRENO

CATENA COSTIERA

Cosenza

PARCO NAZ.
SILA GRANDE

Monte Pollino

Neto

CALABRIA

SILA PICCOLA

Crotone

MAR
TIRRENO

CATANZARO

Golfo di Sant'Eufèmia

Savuto

MAR
IÒNIO

Vibo
Valentia

APPENNINO CALABRO

Golfo
di Gióia

Stretto
di Messina

Reggio
Calabria

PARCO
NAZIONALE
D'ASPROMONTE

ASPROMONTE

1. I trulli di Alberobello
2. I Sassi di Matera
3. Lecce
4. Bronzo di Riace
5. Il porto di Taranto
6. Il Castel del Monte

3

4

1

2

Cosa sono i Bronzi di Riace? Dove sono stati trovati?

Cerca su internet delle informazioni sui "sassi" di Matera .

LA PUGLIA, LA CALABRIA E LA BASILICATA	
Superficie e abitanti	*Puglia*: 19.363 kmq, 4.069.869 abitanti, densità di 210 abitanti per kmq *Calabria*: 15.082 kmq, 2.003.595 abitanti, densità di 132 abitanti per kmq *Basilicata*: 9.992 kmq, 591338 abitanti, densità di 59 abitanti per kmq
Capoluogo e città principali	*Puglia*: **Bari** (316 000 ab.), Brindisi (89 000 ab.), Foggia (155 000 ab.), Lecce (83 000 ab.), Taranto (202 000 ab.), Barletta-Andria-Trani (244 000 ab.) *Calabria*: **Catanzaro** (94 300 ab.), Cosenza (73 000 ab.), Crotone (60 000 ab.), Reggio Calabria (184 000 ab.), Vibo Valentia (33 800 ab.) *Basilicata*: **Potenza** (72 000 ab.), Matera (59 000 ab.)
Clima e rilievi	La *Puglia* è una regione montuosa e collinare con una lunga fascia costiera, l'originale promontorio boscoso del Gargano e gli altipiani del Tavoliere e delle Murgie. Le coste sono alternativamente sabbiose o frastagliate. Il clima, arido d'estate, è mite d'inverno. Quasi totalmente montuosa la *Basilicata* è una delle regioni meno popolate d'Italia. Lungo il Mar Ionio le coste sono basse e uniformi ad est, alte ad ovest. La *Calabria* è essenzialmente una regione montuosa (Sila, Aspromonte 1956 m). Le coste sono alte e scoscese sul mar Tirreno, basse e sabbiose sul Mar Ionio. Sulle montagne il clima è rigido e piovoso ma, grazie all'influsso del mare, è più mite sulla costa.
Economia	La *Puglia* è una grande zona di produzione agricola: olio, vino, tabacco. È anche una delle regioni più industrializzate del Mezzogiorno soprattutto a Bari-Brindisi-Taranto (acciaierie, raffinerie di petrolio, fabbriche di fibre sintetiche e materie plastiche). I porti di Bari, Brindisi e Taranto sono molto attivi (scambi commerciali e trasporto di passeggeri tra l'Italia e la Grecia). Le ricchezze artistiche (barocco pugliese, Lecce..., "trulli" di Alberobello, il Castel del Monte, ecc.) attraggono sempre più turisti. In *Basilicata* l'industria è molto scarsa anche se si stanno sviluppando impianti petrolchimici. Sono numerose le attività artigianali (ceramica) e comincia a svilupparsi il turismo sulle coste. *Calabria*: L'agricoltura continua a dare lavoro a gran parte della popolazione mentre il turismo si sta sviluppando nelle zone di montagna (alpinismo, sci, villeggiatura estiva) e sulla costa. La sola zona industriale di rilievo è quella di Crotone.
Feste e tradizioni	In queste tre regioni, la maggior parte delle feste è di carattere religioso. In *Puglia*: in settembre, a Molfetta, festa della **Madonna dei Martiri** con luminarie e fuochi d'artificio. In agosto, ad Oria (Brindisi), si ritorna nell'epoca di Federico II, con cavalieri e dame in abito antico che sfilano in un suggestivo corteo, fino alla piazza principale della città, dove ha inizio un torneo. *Basilicata*: Ogni anno, in agosto, vicino a Matera, l'evocazione di San Rocco dà luogo a sontuosi festeggiamenti (cerimonia religiosa, esibizioni di bande musicali e spettacoli pirotecnici). Secondo la leggenda, San Rocco, allontanò nel 1857 la minaccia di un terremoto e così divenne il patrono del paese. *Calabria*: A Crotone, in maggio, per la festa della **Madonna di Capocolonna**, si organizza una magnifica sagra del pesce con canti e balli folcloristici e con un corteo di barche.
Gastronomia	Le ricette delle tre regioni sono piuttosto simili, i piatti tipici sono spesso a base di pesce e ricchi di verdure. In Puglia i piatti più famosi sono le *orecchiette con cime di rapa* (un tipo di pasta) e i *taralli*, una specie di "biscotti" salati. In Calabria si cucina con la *cipolla di Tropea* e con il *peperoncino* presente nel la **'Nduja**, un salame piccantissimo. Anche i formaggi sono ottimi, ad esempio il *pecorino* e il *caciocavallo* della Basilicata.

LA SICILIA

Isole Eolie o Lipari
(Messina)
Stromboli
Panarea
Alicudi Filicudi Salina
Lipari
Vulcano

Isola di Ùstica
(Palermo)

MAR TIRRENO

Golfo di
Milazzo
Golfo
di Patti
Messina
Stretto di
Messina

Isola delle
Femmina
Golfo di
Castellamare
PALERMO
Golfo di
Termini
Imerese

MONTI PELORITANI

Isole Egadi
Trapani
Isola di Lèvanzo
L. di Piana
degli Albanesi

Pizzo Carbonara
LE MADONIE
MONTI NEBRODI M. Soro
M. Castelli
Montagna
Grande
Alcantara
M. Etna

Isola dello Stagnone
Rocca
Busambra
Pzo. Cangialoso
M. Zimmara
Lago di
Pozzillo

MAR
IONIO

L. Aràncio
M. Cammarata
Enna
Catania
Golfo di
Catania

MAR MEDITERRANEO
Caltanissetta
MONTI EREI

Agrigento

Regione Sicilia

Isola di Linosa
Golfo di Gela
Golfo di
Augusta
Siracusa

MAR DI SICILIA
MONTI IBLEI

Isole Pelagie
(Agrigento)
Ragusa
Golfo di
Noto

Isola di Pantelleria
(Palermo)
Isola di
Lampione
Isola di Lampedusa

1. Bottiglia di Marsala
2. Trinacria
3. Mosaici di Piazza Armerina
4. Libro di L. Sciascia
5. Aranceti
6. Carretto siciliano

La Sicilia

cartina piccolissima da mettere in alto in un angolo per situare la regione

Mettere cartina della Sicilia con rilievi e principali città indicate.

Qualche foto dei luoghi e dei personaggi seguenti (con scritte sotto):
Foto patrimonio umanità (Noto e barocco)

LA SICILIA	
Superficie e abitanti	25.710 Kmq, 5.015.297 abitanti, densità di 198 abitanti per kmq
Capoluogo e città principali	**Palermo** (690 000 ab.), Agrigento (50 000 ab.), Caltanissetta (61 000 ab.), Catania (300 000 ab.), Enna (29 000 ab.), Messina (250 000 ab.), Ragusa (71 000 ab.), Siracusa (122 000 ab.), Trapani (68 000 ab.)
Clima e rilievi	È la regione più estesa d'Italia e l'isola più grande del Mediterraneo. Il rilievo è prevalentemente collinare (due terzi del territorio), le montagne rappresentano il quarto della superficie (tra cui l'Etna) e il restante è pianeggiante. Alcune isole (Eolie, Egadi, ecc. e in particolare Vulcano e Stromboli) fanno parte della Sicilia. Il clima è mediterraneo con estati caldissime (grave problema della siccità) ed inverni miti eccetto sui monti (l'Etna che culmina a oltre 3300 m si copre di neve.)
Economia	L'agricoltura è una delle grandi risorse economiche della regione: cereali e soprattutto frumento della pregiata varietà *grano duro* (la Sicilia era chiamata dai Romani nell'antichità il *granaio* di *Roma*), indispensabile per la produzione di pasta da cuocere *al dente* – olive, agrumi, mandorle, nocciole e pistacchi, vite per produrre pregiati vini, sono le coltivazioni tradizionali. Il clima siciliano ha permesso anche la coltivazione con successo di specie più esotiche quali kiwi, mango, banane e perfino orchidee. La pesca è una risorsa fondamentale dell'isola (sardine, tonno, pesce spada, alici) e permette lo sviluppo dell'industria conserviera. Le attività industriali sono concentrate nelle zone di Ragusa, Siracusa e Gela (chimica, petrolchimica, raffinerie...). Ci sono stabilimenti della FIAT in provincia di Palermo. La risorsa economica più rilevante è il turismo. È soprattutto di tipo culturale (la Sicilia è la regione in cui l'UNESCO registra il maggior numero di patrimoni dell'umanità per regione – templi greci, vestigia ellenistiche e romane, architettura medioevale e dell'epoca barocca...). Ma è anche favorito dalle condizioni ambientali: escursioni sui vulcani e sulle isole, villeggiatura e attività sportive in riva al mare. La Sicilia è una regione a statuto speciale quindi ha competenza esclusiva su una serie di materie, tra cui beni culturali, agricoltura, pesca, territorio, turismo. Però i problemi politici (mafia) e sociali (disoccupazione) restano gravissimi e nonostante innegabili progressi in certi settori le difficoltà sono notevoli. La popolazione ha dovuto in passato rassegnarsi ad un'emigrazione massiccia (in America, in Germania e nell'Italia settentrionale).
Feste e tradizioni	Le feste religiose hanno una grande importanza in quasi tutte le città della Sicilia (Santa Rosalia a Palermo, Sant'Agata a Catania, Madonna della Lettera a Messina, Santa Lucia a Siracusa). Le processioni del Venerdì Santo a Enna e a Trapani richiamano migliaia di persone da tutto il mondo. Tra le feste laiche il Carnevale è quella più importante: famosi i carnevali di Acireale e Sciacca. Da ricordare inoltre l'*opera dei pupi*, teatro di marionette che mette in scena i personaggi del ciclo carolingio (Orlando, Rinaldo, Angelica ecc)
Gastronomia	La lista dei prodotti tipici è lunghissima. Ogni provincia (e, in molti casi, ogni comune) ha una sua specialità i cui nomi variano di zona in zona. Da ricordare gli arancini, la caponata, il cuscus di pesce e tra i dolci la cassata, i cannoli e le granite. L'enologia siciliana è in pieno sviluppo e oltre ai vini dolci più conosciuti e esportati come il Marsala e il Moscato, molti altri vini e liquori siciliani si impongono a livello internazionale.

LA SARDEGNA

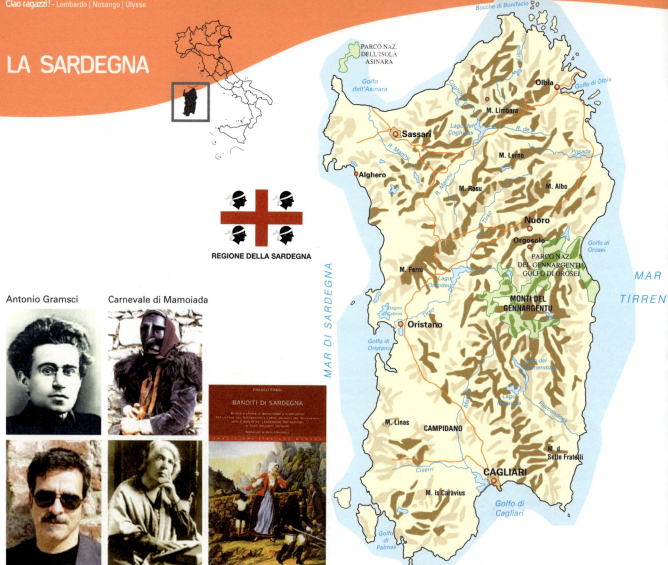

REGIONE DELLA SARDEGNA

Antonio Gramsci

Carnevale di Mamoiada

FRANCO FRESI

BANDITI DI SARDEGNA

Marcello Fois

Grazia Deledda

LA SARDEGNA

Superficie e abitanti	24.090 Kmq, 1.648.046 abitanti, densità di 68 abitanti per kmq
Capoluogo e città principali	**Cagliari** (555 000 ab.), Nuoro (36 000), Oristano (33 000), Sassari (130 000), Olbia (51 000), Tempio Pausania (14 000)
Clima e rilievi	Molte zone montuose (monte Gennargentu 1834 m) e collinari, poche pianure (il Campidano), clima mite ma ventoso.
Economia	L'**allevamento** (la *pecora sarda*) e l'**agricoltura** (olivi e viti principalmente) sono ancora oggi tra le principali risorse della Sardegna. Il turismo è sempre più sviluppato.
Feste e tradizioni	A gennaio, Carnevale di Mamoiada vicino a Orgosolo, dove sfilano i "**Mamuthones**" (maschere di legno lugubri, vestiti con abiti da pastori, con molti campanacci sulla schiena) e gli "**Issocadores**" che con dei lacci cercano di catturare gli spettatori. Ad Oristano, a **Carnevale** c'è la **Sartiglia**, giostra equestre di origine catalana con cavalieri mascherati. Nella **Settimana Santa** in diverse parti dell'isola ci sono feste e processioni religiose. Il **14 Agosto** a **Sassari** sfilano nove **candelieri** di legno di diversi quintali rappresentanti le corporazioni cittadine per ricordare la fine di un'epidemia di peste.
Gastronomia	Sono famosi il *porceddu* (porchetta) e il pecorino, nonché altre specialità locali e vini rossi.

1. Alghero
2. Cagliari
3. Anello sardo
4. Monti del Gennargentu
5. Costumi Sardi
6/7/8 spiagge

Finito di stampare nel mese di settembre 2009
da Grafiche CMF - Foligno (PG)
per conto di Guerra Edizioni - Guru s.r.l.